JN327486

# りかちゃんの国語科通信

## ── 出産、子育て、南米の旅 の巻

西山利佳

梨の木舎

# はじめに

はじめまして。あるいは、お久しぶりです。

これは、私が国語科の非常勤講師を務める都内私立校で、担当クラスに気ままに配ってきた教科通信、約一三年分（の大部分）です（勤め初めからの八年分は既刊『もしもしあたしＲＩＣＡちゃん』に収まっています）。

パラパラとご覧いただけば分かるとおり、「これでも国語か？」と思われる方も少なくないと思います。話題は、妊娠出産から、子連れ旅から、時事問題などなど……。でも、「これでも国語科通信」なのです。

深い考えもなく生まれた通信なのですが、ここにこうして再び「本」という形でお目にかける以上、この文章の束の意味を考えてみたいと思います。

*

この通信の意味を一文字で表せば「媒」かもしれません（媒ではありません）。媒介の媒、触媒の媒。

授業で大勢の中高生に出会います。私は非常勤講師なので、基本的に彼らと向き合うのは「国語の授業」だけです。その中で、教科書からはみだして（もちろん、それもひっくるめての「国語」の授業だと思っていますが）、語りたいことが出てきます。それを、教壇の上から、席に着いた四〇人前後の人に向かって一方的に語るのではうまくいきそうになくて、選んだ方法がこの通信でした。読まない人もいます。でも、この通信を読んでくれるとき、私とその人はちょっとつながっているはずです。この通信は私と生徒を一対一で媒介してくれるものです。

それから、二一年もこの通信を発行してきて自覚してきたことは、生徒たちの前で「言葉を使ってみせる」ということです。「人は何かを伝えたくて言葉を使う」ということを目の前でやってみせるのです。そこから、教科書を含め様々な文章が、自分に関係ない記号の羅列ではなくて、自分は他者から語りかけられているのだと、感じられるようになってもらえたら嬉しいと思っています。

ことばは自分と外界（他者、世界）とをつなぐものです。

つながりたいと思ってほしい。
つながっていると感じてほしい。

さて、本通信はそんなつながりを作れているでしょうか。一人一人の生徒の「考える」や「感じる」を活性化する触媒となっているでしょうか。そっとのぞいてお確かめくださいませ。

# 目次


はじめに　2

## 1　産んだぞ――、生まれたよ

| | | | |
|---|---|---|---|
| ほとんどの皆さんはじめまして | 95年6月20日 | 9巻1号 | 12 |
| やぁ、夏休みいかがおすごしでした? | 95年9月4日 | 9巻4号 | 14 |
| 母親学級なるものに参加してみて…… | 95年10月3日／12月1日 | 9巻5/6号 | 16 |
| 無念!!禁句にすべきであった…… | 96年2月27日 | 9巻7号 | 18 |
| 困難は分割せよ | 96年5月20日 | 10巻2号 | 20 |
| 余談 | 96年9月3日 | 10巻4号 | 22 |
| 一、抜き出しの掟 | 96年10月24日 | 10巻5号 | 24 |
| 期末テスト、このクラスの平均は六四・五点でした。 | 97年3月12日 | 10巻9号 | 26 |
| 私は憂うつである。 | 97年4月24日 | 11巻1号 | 28 |
| 私はこれから演説するぞ | 97年7月1日 | 11巻3号 | 30 |
| ホンモノのおカネの作り方 | 97年11月6日 | 11巻6号 | 32 |
| いよっ! 期末お疲れさん! | 98年3月9日 | 11巻9号 | 34 |
| 今年も楽しく授業ができそうじゃわい | 98年4月23日 | 12巻1号 | 36 |
| なぜアルゼンチンか | 98年5月28日 | 12巻2号 | 38 |
| 人は偶然　道で遭遇 | 98年6月15日 | 12巻3号 | 40 |

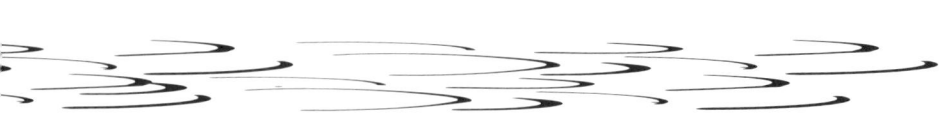

うちの子は「ん」が読める　98年9月8日　12巻5号　42
期末テストC組平均46・6　98年12月21日　12巻7号　44
ゆずったり ゆずれなかったり……　99年2月24日　12巻8号　46
みんなの俳句　99年3月18日　12巻9号　48

## 2　子連れ旅

西山利佳への質問　回答第二弾　99年9月8日　13巻3号　52
バルセロな夏休みレポート　やっと②　99年11月11日　13巻4号　54
A 無常観（無情感ちゃうでぇ）　99年12月6日　13巻5号　56
コスキン報告　その一　00年2月9日　13巻7号　58
コスキン報告　その二　00年2月20日　13巻8号　60
まだ書くかコスキン報告　その三　00年2月28日　13巻9号　62
初めまして、あるいは、お久しぶり。　00年4月25日　14巻1号　64
Eメール・インターネットのその後　00年6月21日／9月12日　14巻2/4号　66
なぜ、また、そんなところに??　00年10月24日　14巻5号　68
私はナマケモノを抱いた！　00年12月5日　14巻6号　70
寒中お見舞い申し上げます　01年1月23日　14巻7号　72
新大久保の事故がいたましい　01年1月31日　14巻8号　74
二〇世紀最後の月に出会った感動が……　01年3月10日　14巻10号　76
もしもし あたし RICAさん‥　01年6月5日　15巻1号　78

夏の読書案内　01年7月11日　15巻3号　80
学園祭お疲れさまでした♪　01年10月3日　15巻5号　84
俳諧紀行文「おくのほそ道」に入る際・・・　02年2月6日　15巻9号　86
期末テストおつかれさん♪　02年3月12日　15巻10号　88
「朗報」と題されたそのメール読んだ私は・・・　02年5月2日　16巻1号　90
楽しんでますか？　02年6月11日　16巻3号　92
W杯決勝へのカウントダウン　02年6月25日　16巻4号　94
二〇〇二年ラテンアメリカの旅　02年9月10日　16巻5号　96
二〇〇二年ラテンアメリカの旅　02年10月10日　16巻6号　100
二〇〇二年ラテンアメリカの旅　02年12月14日　16巻7号　102
あけましておめでとうございます　03年1月16日　16巻8号　104
GOOD　LUCK　03年2月27日　16巻9号　106
どうして世界に平和が必要なのかそのワケが・・・　03年3月11日　16巻10号　108

## 3　自由な風の歌

一の問二の怪解答　03年7月12日　17巻3号　112
学園祭&音楽祭おつかれさまでした～　03年10月2日　17巻4号　114
鑑賞室　1年A組　清八先生　03年10月9日　17巻5号　116
金八先生とバトル・ロワイアルと・・・　03年12月4日　17巻6号　118
今日のとりびあ　04年3月10日　17巻9号　120

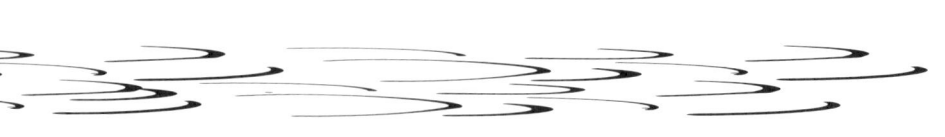

| | | | |
|---|---|---|---|
| 文章を正確に書くことは・・・ | 04年5月20日 | 18巻1号 | 122 |
| 「ぺこぺこしなくていい社会になるといいですね」 | 04年11月22日 | 18巻5号 | 124 |
| 期末テストお疲れさまでした | 04年12月16日 | 18巻6号 | 126 |
| 【番外編】テレビアニメ「レジェンズ――甦る竜王伝説」 | | | 128 |
| まずは、この記事を読んでちょうだい | 05年6月28日 | 19巻3号 | 132 |
| あんにょ〜ん | 05年7月11日 | 19巻4号 | 134 |
| 特別寄稿　ＰＮ苦助 | 05年10月13日 | 19巻6号 | 136 |
| 「虚ろなまなざし」とホワイトバンド | 05年12月15日 | 19巻7号 | 140 |
| ソフトボール大会 | 06年2月20日 | 19巻8号 | 142 |
| 【番外編】〈コンサート・自由な風の歌〉に参加して考えたこと | | | 144 |
| 体育祭　お疲れさまでした！ | 06年6月13日 | 20巻2号 | 146 |
| 南アメRICAあんなことこんなこと | 06年9月4日 | 20巻4号 | 148 |
| 間違っても食べないでください | 06年10月24日 | 20巻5号 | 152 |
| 南アメRICAあんなことこんなこと | 06年11月16日 | 20巻6号 | 154 |
| あんたら賢くおなり！ | 06年12月16日 | 20巻7号 | 156 |
| 「現代にくきもの尽くし」より | 07年2月23日 | 20巻8号 | 158 |
| 数学Ⅰの監督をしながら考えたこと | 07年3月12日 | 20巻9号 | 160 |
| お久しぶりと初めまして。 | 07年11月5日 | 21巻1号 | 162 |
| 豚もおだてりゃ木に登る | 07年11月19日 | 21巻2号 | 164 |
| おわりに | | | 166 |
| 著者紹介 | | | 167 |

# 気まぐれ索引

## あ　行



## か　行



## さ　行



## た　行

# 1　産んだぞ――、生まれたよ

これでもこく
ごかつうしん

# もしもしあたしRICAちゃん

95年6月20日　9巻1号

## ほとんどの皆さんはじめまして

### 一部の方々お久しぶりっ!

西山利佳発行、気まぐれ不定期刊行物「これでも国語か?!」と言われようと、「これでも国語科通信」です。

本通信は、多いときでも年に十数号、少なかった年は四号しか出なかったといういい加減な通信です。

一部にはうわさを耳にしている人もいるようですが、この通信、タイトル下部にあるように、今年で九巻目――というのは発行して九年目ということ。つまり、過去八年分の歩みがあるわけで、○○もつもれば何とやら‥‥。八年分をまとめて本にしようという太っ腹な出版社の方が現れ、本になるのだよ（現三年、去年の読者の皆さんへ――四月頃発行なんて言ってたけど、いやぁまいったまいった。九月頃になりそう‥‥）。

さてここで大事なお話があります。

今年、私は、初めての本以外に、もうひとつ世に送り出す予定があります。それは、人間。

はい、そうです。私は子を産むのです。今私は妊婦もやっているのです。知ってた?

ともかく、初期の最も不安定な（流産しやすい）時期も乗り切ったし、この先、廊下を馬鹿っ走りしてきたのにぶつかって転倒、とかない限り、たぶん一一月には親になるでしょう（三〇%はおどしです）。

ところで、私は、今のところいたって順調なので言えることですが――。「本」は、私が一文字ずつでも書かないと絶対に産まれない。けれど、彼or彼女は、私のおなかの中で勝手にどんどん育っている‥‥。

生き物はたのもしいな、と思う反面、初めての出産も、まぁなんとかなるんでないかい? と人生への楽観度を高めている今日この頃なのであります。

# 本日のテーマ

## におい 臭い 匂い Nioi

## Hedor（エドール 西語で臭い）

現在、高校一年生が現国で読んでいるのが、解剖学専攻の医学博士養老孟司氏による「顔の見方」。人間の顔はどうしてこんなにいろいろなんだろうということを、いくつかの観点から語っているのだが、その中で、人間はネズミなどの動物に比べて相当な〈鼻バカ〉という一節がある。

そこで、本日のテーマは〈におい〉です。

## サリンってクサイんだってね

## それは良かった・・・・でも・・・・

サリンって臭いんですってね。異臭騒ぎと言っていたくらいですから、異様な常と異なる臭いがするのでしょう。そんなものかいでみたいとは毛頭思いませんが、異常な臭いでよかった、と思います。へんな言い方だけど。だって、そのおかげで危険を察知できるわけですから。例えば〈さわやかな森林の香り〉のサリンだの〈フレッシュな柑橘系の香り〉の青酸ガスだのって、すごくこわいじゃないか。焼きたてのパンの香りや、コーヒーの香り、焼き鳥のうまそうなにおいの毒ガスがあったら、思いっきり吸ってしまうぞ。

その点、やはり放射能って怖いですね。無色無臭、いきなりどうかなるというのでもなく、知らず知らずのうちに体の中に入って、つもりつもって、例えばガンになるなんて・・・・。

言葉もそういう面がありますよ。一見無害そうなきれいな言葉も、実は感覚をじわじわとマヒさせていくこわ〜い力を秘めているかも。お気をつけあそばせ。

これでもこく
ごかつうしん

# もしもしあたしRICAちゃん

95年9月4日　9巻4号

## やぁ、夏休みいかがおすごしでした？

長い休みでしかできないこと、何かやりましたか？

私の夏休み三大イベントは――

**1　大型量販店開店セールに伴う〝先着30名様限り特別大廉価〟の冷蔵庫獲得!!**

**2　苦行！　逆子直しの一週間！**

**3　灼熱の動物園!!**

以上で、私がどんなにイベントのない夏を過ごしたか、よおくおわかりいただけたかと思います。ボリビアで、テレビとラジオと新聞とフェスティバルとライブハウスに出た去年の夏とは大違いです。

やったことを書き出したら、相当違う、圧倒的に量が違うわけですが、同じ時間なんだよねぇ。同じ一月は一月。なぁんもしなくても、いやなぁんもしないと、かな、かくも時間は早く流れる……。

で、私のこういう感慨や、やはり無視できない焦りなどとまったく関係なく、赤ん坊は育っています。

## 出産予定日まで　あと、約二カ月

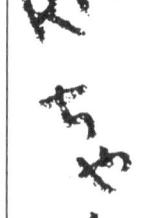

現在、妊娠八ヵ月目に突入しています。久しぶりに合ったから、「でけ～」と思ったでしょ。うん、でっかくなりました。

妊娠は病気ではない。けど、普通の体調でないことは確かです。となると、お仕事もいつも通りというわけにはいかなくなります。最悪、無茶すると、赤ん坊が死ぬ、母胎も危ない、ということになりかねません。

それで、労働基準法によって産前六週間、産後八週間の休業が請求できることになっています。それから育児休業の制度もあります。これらの、働く人が親になることを守る制度が、太古の昔から自然発生的に存在していたわけじゃないってことは、わかりますよね。私はこのたび、何も頑張らないで、先人の付けてくれた道を歩くことができるわけです。ありがたいことです。

今年、就職難で、特に女子学生が厳しい状況に置かれているというニュース、一度や二度は目にしていますよね。企業側の言い分として、女は結婚や出産を機に、すぐ仕事をやめるから戦力にならない、というのがありますが、あれはおかしいね。おなかが大きくなっても無理して働かなきゃならなかったり、「早くやめろよな」という空気だったら、働きたくてもやってけないでしょ。

嬉しいことに、我が城西は、職員が親になることを制度的にも、雰囲気としても応援する人間らしい職場です。私はその中で守られて、安心して、初めての出産に臨めます。

### 【コラム】ＲＩＣＡちゃんの胎動に関する感想と記録

自分の腹の中に別の生命が宿っていて、それが育ち、しかも動くなんて、どんなにか気味悪い怖いことかと思っていたが、意外と自然に受け止められるものだ。なんて神秘的〜うるうる、ともあんまり思わない。ただ、結構、おもしろいぞ。勝手に動くおなかはグロテスクかもしれないけど、なんか、かわいい。

**はじめ**——5ヵ月目に入った頃、一人のおばに「もう動くでしょ」と言われた。自覚のなかった私なのだが、「何か小さな虫がちりちりっとするような感じ」がしないかと言われ、「もしかして、あれか？」と思いあたった。なんだかこの頃、寝る前におなかがゴロゴロするなぁと思っていたのだ。でも、そんなもの、わかんないよねぇ‥‥。

**そのうち**——動きははっきりしてきたが、ホモ・サピエンス的動きとは思われない。魚がはねているというか、ビクビクしてるというか、進化の過程を想像してしまう。どんどん動きは活発になり、時折「おお、ぶるった！」という感じ。機嫌がいいのか悪いのか、じたばた痙攣のごとき動き。にぎやか。そして、今——かなりヒトらしい動き。寝返りとか、のびを想像させる。むにゅーっとか、もよぉーって感じ。やっぱへんなもんだ。

これでもこく
ごかつうしん

# もしもしあたしRICAちゃん

95年10月3日　9巻5号
95年12月1日　9巻6号

## 母親学級なるものに参加してみて
### いろいろ考えたこと

病院主催の〝母親学級〟に参加した。「母になる喜び」に目をうるうるさせた妊婦が大挙して、あれしろこれするなという指示を必死にメモするというのじゃ、うっとうしくてやだなと思っていたけれど、実際は、一番大切なことを、どうしてそうなのか話してくれて、頭の中をシンプルに穏やかにしてくれる楽しいものだった。

一つ具体的に書くとわかりいいだろう。

先々週（?）テレビで「釣りバカ日誌」やってたの見た人いる?あの中で、主人公ハマちゃんの奥さんが、出産準備のビデオを見ながら「ヒッヒッフー」と呼吸法の練習をしていた。こんなのやらなきゃいけないのだろうかと思うと、ああやだやだとなる。しかし、この度習った所によれば、要は、ちゃんと呼吸して胎児に酸素をたっぷり送ることが大切なのであって、痛みや気が動転したりで息が乱れるよりは、たとえば「ヒッヒッフー」でちゃんと酸素を取り込もうということらしい。

そうか、そうなんだ。ちゃんと呼吸してりゃいいのか。何が大切なのか、なぜ大切なのか、そういうことがわかるということは、とても気持ちの良いことだ。やみくもに一〇〇の情報を覚えようとあえいであっぷあっぷするのでなく、大事なことをしっかりつかんでどっしり構えられたら、一〇一番目の新しい情報を自分の力で判断できるんじゃないかな。勉強や生活の中のいろんな面で、これは大事なことじゃないかな。

◇◇◇◇◇◇◇◇◇◇◇◇◇◇◇◇◇◇◇◇◇◇◇◇◇◇◇◇◇◇

## 産んだぞー　というより　生まれたよ　かな

お久しぶり。みんな元気？　改めてご報告申し上げます。

一一月二二日（日）午後五時一八分
三二〇二gで、女の子が生まれました。

## 赤ん坊は体の賢さで生きている

ある夜のこと。我が家の姫様は、抱いていると寝そうになるけど、布団におろすと泣く、を繰り返していました。おなかは空いてないはず、お尻も大丈夫。なぜ泣くの？　眠い。疲れた。弱り果てていた新米母の私。どうも寒かったらしいと気づいたのは、そのような状態が何時間が続いた後、深夜でした。

まったく申し訳ない、悪いことをしたと反省する一方で、赤ん坊はなんて賢いのだろうと感心してしまいました。抱かれていると暖かい。布団に置かれると寒い。そこで、彼女は「泣く」という唯一の表現手段を使って、私を操り、自分にとって快適な環境を作っていたのです。

ミルクにしたって、欲しけりゃ泣く。いらなくなったら、いやぁな顔して舌で押し出す。生きていくのに必要なことがちゃんとわかってる。えらいよね。赤ん坊っておもしろいぞ。

**例えば①オーバーアクション**

乳児は皆そうみたいですが、時折、びくん！と驚くその姿がみごとに〈びっくり〉ポーズでおもしろい。ぱっと両手をバンザイにして、指はパーに開いて、大げさなくらい「うわっ」という感じで驚くのです。一度、私が彼女の毛布をがばっと無造作にめくったら、そのびっくりポーズが五段階シフトくらいになって、「あわわわわ！」と派手に驚かれて、笑っちゃった。

**例えば②ハードボイルド**

目はたぶんほとんどまだ見えていない彼女。でも、まるで見えているような顔つきで、見えない敵の気配をさぐる風な様子をするのです。座っていないがくがくの首をすくめたり、のばしたりしながら、鋭く真剣な視線を部屋の隅々に走らせ、そしてある一点を横目でとらえた後、目を細め、片ほほをつり上げ、にやっと笑うのです。かわいいというより、こわいというか、気色悪いというか……。

**例えば③百面相**

仏のような悟りきった安らかな寝顔→関根勤のマネるジャイアント馬場か勝新太郎のごとき顔→美しく満面でニッコリ→口をゆがめ、べそ……というのを連続で展開する。

これでもこく
ごかつうしん

# もしもしあたしRICAちゃん

96年2月27日　9巻7号

## 無念!!
## 禁句にすべきであった・・・・

一．わからない
一．かわいそう・悲惨
一．戦争はいけない

### —「友よ」（林京子）の感想文を読んで—

**「わからない」「わかるわけない」の連発に西山利佳は反発する**

〈戦争を知らない自分たちには戦争を体験した人の気持ちはわからない〉——このパターンの記述をした人がおそらく半数を超える

・戦争・被爆、こりゃ相当深刻、重大な問題だ。

←

・軽々しく意見なんて言うと恥ずかしいし、何か、文句言われるかもしれない。

←

・ここはひとまずともかく失礼のないように頭下げちゃえ。は、はーっ……。

こういう人、確かにいたと思うぞ。こういう態度が存在することはわかる。しかし、私は好かん。ズルイと思う。考えるのをサボっている。誠実な良い人のふりをして（自分でそうだと思いこんでいて）その実、相手と関わろうとしない。これはずるい。

ずるいなんて心外だ、と怒る人もいるだろう。誠心誠意まじめに考えて、でもわかり得ないという感想を書かずにはいられなかった人を、さっさと、「わからない」で片づけた人といっしょにするつもりはない。だけど、そういう人にも私は意見がある。なぜ、「こういう風にわかった」という方向でなく「わからない」の方向で処理するのか?どこまでも想像がつかない、どういう感じなのだろうと考え詰めていく中で、ああだろうかこうだろうかと頭と心を働かせたその内容をこそ重視し、書くべきではないのか?それを表明すると、例えば、もし実際の被爆者が読んだら「わかってない」と言われるかも知れない。でも、そういう風にしかわからなかったということをひとまず認めなきゃ。そして、反論されて再び考えたら、理解はそこから始まるのではないか。

相手が戦争体験者でも、被爆者でも、はたまた阪神淡路の震災被災者でも、エイズ患者でも……わかりたいと思うならビビっちゃいけないと思う。同じ立場の人にしかわからないという言い方で逃げてはいけないと思う。だいたいだね、そもそもだね、裏を返せばだね、

**同じ経験をしたら分かり合える?**
**そりゃ甘え、だね。**

事実関係において説明がいらないというわかりやすさはあると思うよ、実際。でも一人一人違う人間なのだから、同じ出来事でもそれをどう受け止めるかは違うでしょ。だから「立場が違うからわからん」というなら、そもそも他者をわかるなんて事はないわけ。俺は、おまえじゃないからわかるかよ……と、人の話を聞くたびに言ってたら毎日ケンカだろう。

そういう極論を持ち出さないにしても、この小説では「同じ被爆者」として、八月九日の長崎を共通体験した者としてわかっているつもりであった友のことを、実は何もわかっていなかったと三〇年以上も経ったところでガクゼンとする「私」の衝撃が描かれているわけだから、〈同じ＝わかる〉（違う＝わからない）という図式を考え直さないと読んだことにならない。

その辺を抜きにして戦争反対、核兵器反対と書き連ねては、べつにこの小説の感想である必要はない。

> あなたと私は違う存在だ。わたしでないあなたの痛みをそのまま感じることはできない。でも、あなたの痛みをわかろうとすること、近づくことはできるし、あなたが苦しんでいることが私はつらい——という共鳴の力を私たちはもっているはず。

同じならわかるという甘え、違うからわからないという逃げ、これらは表裏一体のもので、そもそも違う存在である他者をどう理解するのか、そこに必要とされる心のエネルギーを出し惜しみするときに陥りやすい落とし穴だと思う。

じゃ、また。

これでもこく
ごかつうしん

# もしもしあたしRICAちゃん

96年5月20日　10巻2号

## 困難は分割せよ

あせってはなりません。問題を細かく割って、一つ一つ地道に片づけていくのです。
（井上ひさし「握手」より）

高校二年生諸君のために解説しておくと、これは、現在中学三年生が使用している教科書に収められている小説単元の中の一節です。養護施設の元園長、カナダ人修道士のルロイ先生が久しぶりに再会した、かつての教え子の「わたし」に遺言のように語る言葉です。

人生の知恵とも言うべき言葉をあまり卑小な具体策に使いたくはない。少々はばかられるのですが…明日からの中間テストの直前勉強にも応用できるなと思って。

## 徒（イタズラ）に焦（アセ）るのは　ホントニ　無駄（ムダ）

私、やるべき事が山ほどある時、往々にして無駄な焦りに時間をむなしく費やしてしまいます。あれしなきゃ、これしなきゃってそればかりで頭を一杯にして、そのうち「うわーっ」とパニックになりそうになる。これ、本当に無駄。どうしよう～と思っている間に何か一つでも片づけりゃよいものを….。

## そんなときこんな方法

一、やるべきことを細かく分けて全部箇条書きにする
例えば「国語の復習」とか大ざっぱな項目にしないで、「p○からp○を読む」「ノートを見直す」「漢字をチェックする」「語句の意味を確認する」 etc細かく分けて書き上げる。

二、そして、それぞれ終わる毎に太いペンか何かで黒々

と消す。

結果 ←← わーっ、こんなに終わった！という充実感に気をよくしつつ、やるべき事が確実に処理されていく。

身体はひとつ。一日は二四時間。所詮ひとつひとつしかできないのです。どんなに大きな仕事も、ド～ンと一瞬で出現するわけでもない。一つ一つ進めるしかない。千里の道も一歩からとは、真なり（と書きながら、自分に言い聞かせている、ムダなアセリの得意な私である）。

## すさまじきもの　現代版講評

時期はずれですさまじきものごとは、単に違う季節のものを組み合わせただけの回答もありましたが、○をつけたものを参考に、今一度考えてみてください。それらは、いかにも「あるある」でしょ。

「海水浴シーズンが終わって、でもまだ撤去されていない海の家」ってすさまじきものだと思うな。

「のびきった雑草に囲まれている、人の住んでいない家」というのにも感心しました。いかにも「すさまじ」。

興ざめ↓シラける　から大きく「ムカツク」に傾きすぎているのは、ちょっと別の感情じゃないかなと思いました。

「除目に司得ぬ人の家」を説明しながら思い出したのが、次に書きます実話であります。

ペルー在住の有る日本人のお宅へうかがったときの話です。

外から帰ってきたご子息が部屋でも帽子を取らない――「それがね、とれないのよ」とのこと。

ペルーでは、大学合格が決まったとき、仲間がわっと集まって当人の髪を刈って坊主頭にしちゃうという荒っぽい祝い方（？）があるのだそうです。（もちろん、男子だけでしょう）件（くだん）のご子息、掲示板にその名を見つけて、それっと丸刈りになっちゃったのですが、なんと、それは受験者一覧だったというのです。合格者じゃなくて……。これはもうまったくいとほしうすさまじげなりと思うのであります。

これでもこく
ごかつうしん

# もしもしあたしRICAちゃん

96年9月3日　10巻4号

## 余談

この通信全体が余談みたいなもんだってことはわかってるけどサー。

うちの赤ん坊九ヵ月。最近またステップアップして夜泣きというヤツを始めている。深夜゛ア〜゛ア〜と苦しむ我が子を抱いて何とかしようとすると、重くて疲れて暗い気分になるが、どうせ抱いても泣いてることだし、と放っておいて観察すると、これがおもしろい。デパートのおもちゃ売り場なんかで、ジージー動いて壁にあたるとゴロリとひっくり返って、方向を変えて……というのあるじゃない？　あれみたいなのだ。

゛ア〜゛ア〜と泣きながら「おいおいどこ行くの」と言いたくなるほどハイハイで前進。おすわりの形になり゛ア〜゛ア〜。そして後方へバタッ！　゛ア〜゛ア〜寝返りゴロリ。゛ア〜゛ア〜、前進、゛ア〜゛ア〜、おすわり゛ア〜゛ア〜……こちらは危険のないよう枕やタオルケットでガードしたり、足つかんで引きずりもどしたり。いやはや、育つってことは、いろいろイライラするものなのね。外の世界と折り合いがつかなくって苦しいのね。思春期の子ども（というか若い人というか）が荒れるのも、夜泣きみたいなものかもねぇ、等々、深夜に悟りを開く私である。

ところで彼女（うちの赤ん坊）、わたしにぴったりくっついてやっと安心して眠るという、かわいくいじらしいが困った癖がついている。なぜ困るか。添い寝して、寝かしつけて自分もちょっと寝て、こうして再び起きて机に向かおうとして、眠いのふりきってやっと起きたのに、゛ア〜゛ア〜が始まり、再び横になると……もう一回起きるのがつらいのよ。——で、今、辛い思いして起き直したので、こういうこと書いているわけ。

## 水俣へ行った

水俣病の水俣。チッソ水俣工場からの汚水で汚染された魚介類から多くの住民が有機水銀中毒で苦しんだ代表的公害病――ということくらいしか知らなかったのですが、資料館をじっくり一周していろいろ考えさせられました。

私は一九六一年生まれですが、ちょうど同じ頃、たくさんの赤ん坊が母親の胎内で水俣病に冒され、重い障害を負って生まれてきて、死んでいっているのです。お隣の県でのできごと。私はたまたま水俣に生を受けなかったから、関係なくいられたけれど、でも、関係ないんじゃなくて、ほんとに偶然そこにいなかっただけで、水俣病に冒された人々は自ら望んでそうなったわけでは断じてなくて、たまたまそこに生き、豊かな海の幸を食していただけで…みんなの沖縄旅行のことも頭の隅にあったので、こう思いました。

人はいつの時代、どこに生まれてくるか自分では選べない。ということは、戦争中に生まれたり、沖縄に生まれたり、水俣に生まれたり、チェルノブイリに生まれたりetc. 私達はたまたまそこに生まれなかっただけです。そう考えると、すべて他人事では、ない。

それから、水俣病とはまさしく日本の近代の問題なのだなとわかりました。貧しいところに金をもたらす企業、経済成長の波、そのための増産、それ故の被害拡大、企業城下町（その企業がお城みたいに町の中心で富をもたらしてくれるということ）故に、その企業を訴えにくい、住民同士争うetc. これって、基地、原発なんかも同じじゃない？ 貧しい地方にそういうのが来て、それが他の地域（例えば東京）にすむ人には利益になると…。

## 宛名を書いた千人分以上

かつての本通信の読者、つまり私の国語を受けた城西の卒業生宛に葉書を出した。

『もしもしあたしＲＩＣＡちゃん』（梨の木舎一七〇〇円＋税五一円）

ができましたという報告にして、宣伝の葉書である。この通信、タイトル下にあるように「一〇巻」、つまり、発行して今年が一〇年目。最初の年の生徒が、二五、六歳。立派なおとななのである。

嬉しいことに早速電話してくれた人が何人かいてとーーーーっても嬉しかった。これが、それぞれ、いい生き方してるんだなぁ。回り道をしたけど、それを「楽しい回り道」と言っていたり、なんて自分の人生を生き生きと生きていることかと、感動しています。

これでもこくごかつうしん

# もしもしあたしRIかちゃん

かんばんねこで

10巻5号・96年10月24日
編集兼発行人・西山利佳

ひと月ご無沙汰してみたり、一週間でまた出してみたり、勝手気ままな通信です。

中間テスト、お疲れさん。

いつも言うことですが、同じ問題は二度と出なくても、同じような問いかけは繰り返されます。答え方がマズくて点数ぽろぽろ落とした人、そんなアホらしいこと二度としないように、自分のマチガイの傾向をちゃんとつかみなさい。

そこで、中高、現代文・古文を問わない留意点を二、三……。

## 一、抜き出しの掟（オキテ）

「文中から抜き出して答えよ。」よくある問題だ。いいか、よく聞け。抜き出しにミスは許されない。一言一句、句読点まで一字でも違ったら×だ。特に古文では仮名遣いに注意すべし。

中学三年生は卒業論文に取り組んでいるわけだが、その際も引用をいい加減にせぬこと。（高二もしかり）

他人の文章を使うときの最低限のマナーが、引用する時の正確さと、その出典（誰の何という本、論文に載っているのか）を明らかにすることです。

↓「×××だから」　うぉ〜っ！　たのむからやめて。

## 三、今さら、だけど……

カタカナを正しく書けない人がいる。選択肢中の有無で善意に解釈はしているけれど……。

ツ（つ）↕シ（し）　ソ（そ）↕ン（ん）

ついでに、ク↕ワ がほとんど同形とか

応用例：ツクツクボウシ↓シワシワボウツ
クワガタムシ↓ワワガタムツ
リンドウ↓ソソドウ、ツクシ↓シワツ

たのむから、やめてくれ。

〜〜〜〜

左の切り抜き、タイムリーでしょ。中学生は敬語の単元に入ったところですし。

殊更（ことさら）に「ヘンナ語」みつけよう！などと思っているつもりはないのに、昨日今日でふたつのネタ見つけましたよ。

1. 一昨日の某TV局の朝のニュースで、
〝真珠貝がバタバタ死んでいるそうです。〟

泣き続けるわけではありません。最近は寝る前に電気を落とした薄暗がりの中で だあだあだあ とか言いながら ひとしきり遊んで、それで うぎゃっと笑いながら私に襲いかかります。一昨日は、よだれつけしぶきぶーぶー攻撃 とひっかき攻撃、鼻の穴指っこみ攻撃でした。昨夜は髪の毛ひっつかみ攻撃。今日は、早々にころっと寝つきました。時折、足げり、頭突きもやります。次……おっと、試験の解答を離れて高級な話をしてしまった……。とにかくいい加減に写しちゃいかん。

# ニ、うお〜！

と叫びたくなるようなヘンな答え方するな！

例えば、「彼のセーターは何色だった？」と聞かれてポツリとひとこと
A「青いセーター」 ——

「きのうの試合どうだった？」と聞かれてひとこと——
A「いい試合」

「そのラーメンおいしい？」
A「おいしいラーメン」

事実はそうだろうけど、「…だ(?)よ」と付ければ、一応自然だけど、でもなんか、頭の中がむずむずイライラしてくるでしょうが。
Q「彼女どんな様子だった？」
A「さびしそうな顔」
し〜ん……

高校二年生諸君の今回の試験にはこの種の問題はありませんでしたが、いつもいるのです。
「〇〇〇はどういうことか？」

（毎日新聞'96.10.17（夕刊）「月刊しみずよしのり新聞」より）

## いただかしていただきます

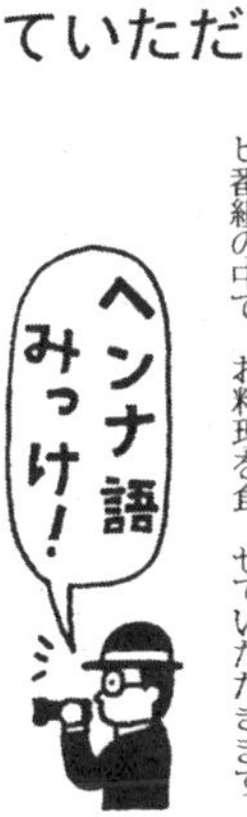


この欄で巷のヘンナ日本語を募集していると、時にはなかなかむずかしい問題を含んだ投書が来てしまう。今回はそれからいこう。

**その1「いただかしていただきます」**

東京都江戸川区の三浦利恵さんからのはがき。テレビ番組の中で、お料理を食べる段になってキャスターがそう言ったのだそうだ。ていねいなような、何か違和感があるような、と三浦さんは書いている。もちろんこれは用法としてはアウトで、ただ、いただきます、でよい。いただくは、本来は目上の人にしてもらうことの、ていねいな言い方。紹介状を書いていただいた、などと。ただし、書類を御覧いただきましたか、のような用法は最近の言い方で正しくは間違い。相手中心に言うべきところを、自分中心に言っているからで、正しくは、書類を御覧くださいましたか。

また、勝手ながら閉店させていただきます、という用法も厳密には正しくないのだそうだ。ひとに了解をとったかのように押しつけるものだから。これは、浄土真宗の信者が仏に対して言った用法が誤って広がったのだそうだ。

千葉市の長谷川康子さんからのはがきにあった、ゲストに食事をすすめる時に、「どうぞいただいてください」と言うのももちろんアウト。相手は偉いというたてまえで話すのが会話のルールだから、偉い人にへりくだらせてはいけない。いただく、というのは実はむずかしい日本語なのだ。**なるほど度4。**

**その2「アンミンドウフ」**

次は気楽に笑えるのを紹介しよう。東京都板橋区の匿名希望さんが教えてくれた、板橋区内の中華料理店のメニュー。アンミンドウフ四〇〇円。杏仁豆腐のことでしょうね。でも、なんだかそれを食べるとぐっすり眠れるようで、悪くないネーミングですねえ。ちなみに私の家の近くには、ンとソを書き分けられない中華料理店があって、メニューに「ワソタソメソ」と書いてあるぞ。**わはは度3。**

Q. これを正しく直すとどうなりますか？

と言っているのが耳に飛びこんできて、擬人表現にしたって、あんまりじゃないかと大笑いしてしまったのだけど、どう？ 貝がバタバタ死ぬ様子って……。

（ところで、真珠貝といえば、昨日の「コロンブスの卵」見た人いる？ マヨネーズで真珠作るの、おもしろいねえ。やってみたいねえ。）

2. 昨日、駅から家へ帰る車のラジオから・聴取者(リスナー)のFAXが紹介されてた。曰く、"弟の書きかけのラブレターをこっそりのぞいたら、「あなたが好きです」の「あなた」を気取って漢字で書こうとして貴方（あなた）ならぬ貴様（きさま）と書いていた。"笑った。（でも貴様は本来は敬称だったのよ。字の通り。）

♡キサマが好きです♪

☺前々回、うちの赤ん坊の夜泣きの様子を書いたが、あれは間もなく収まりました。保育室に預け出して日中の疲れもあるのでしょう、概してよく寝ます。ここのところずっと風邪をひいていて、鼻づまりが苦しいらしく夜中に泣くこともありますが、長く……
次号を書く頃には一人立ちできているかもしれません。日々育つ命です。

これでもこく
ごかつうしん

# もしもしあきこしRICAちゃん

97年3月12日　10巻9号

期末テスト、このクラスの平均は六四・五点でした。

ところで、文豪夏目漱石は瀬石でも漸石でもましてや礎石でもナイ！
漱石というのもいたっけ…　ああかなしい…。

中学3年2組の21世紀予想を読みながら、どんな世の中がいいのか西山利佳も考えた。

3の2の諸君が書いた「二一世紀予想&こういうふうになったらいいな、したいな」を読んでいるとき、ちょうどこんなことがあった。

私の夫は都立の高校に勤めている。その夫君、校舎建て替えに関する係りの一人となり何ヵ月もいろいろ調べたり、専門家の話を聞いたり、とにかく実に誠実に案を作ってきた。ところが、である。作り上げた計画案を都に提出すると、自分たちが今までいろいろ考えてきた内容をまったく無視した形で、都が独自の案を突きつけてきたのだという。大いに夢を語ってくれ、現場の知恵を生かしてくれと言われ、一〇〇%通らないにしても、少しは生かされるだろうと思うからこそ頑張ってきたのに、結果は、やらなくても一緒。時間を費やしただけという、誠に悔しいことになったわけ。

どれほど力を入れて取り組んできたか、それなりにわかっているつもりの私は、他人事ながらむらむらむかむか腹が立つ。役所の書類の体裁を整えるために、アリバイ作り的に人を利用していいのか?バカにするんじゃないっ！（聞くと、そういう例は数知れず、いつだってそんな調子なんだと）そんなの、やる気なくすよ！　そうじゃない？　むなしすぎるじゃない？

みなさんが、例えば、修学旅行の計画を自分たちで立てましょうということになって、いろいろ調べたり、話し合いを重ねたりしてやっと作り上げた旅行案と全く関係なく、先生が独自の案をすでに作っていたら、どう？　アホらしくてやる気なくさない？

## 空しいと人はだんだんやる気をなくす

赤ちゃんもね、ニッコリしてもニッコリほほえみかえしてくれる人がいないと、赤ちゃんなりに「笑っても仕方がない」と思うようになって、笑わなく、無表情になるんだって。そういう無表情、無反応な赤ちゃんのことを専門家の間では「サイレントベビー」と言って、そういう例が増えているんだって。考えさせられます。

## 日々、人々を空しくするようなシステムの社会はいかんと思う。

しかし、とりあえず今現在、今の世の中で生きていくしかないわけで、みんなが「あーむなしい、やめたやめた」って全てを投げ出してしまったら、結局そういう世の中が続くのでしょうから、空しさと闘いつつこつこつやるべき事を為していかなきゃならないでしょう。

最初から何も期待しない、何も努力しない、と開き直ったら、裏切られたり悔しかったり自分のやったことが無駄に終わった空しさに苦しまずにすむでしょう。でも、それはそれで空しくないかい？　みんなには、おおいに人とつきあい、勉強その他、力を惜しまずやって、その結果悔しい思いをしたり、腹を立てたり、そして幸せを感じたりしてほしいものです。

これでもこく
ごかつうしん

# もしもしあたしRICAちゃん

97年4月24日 11巻1号

## 私は憂うつである。新年度第一号をのっけからこんな風に始めたくはなかったのに——

ペルーの「大使公邸人質事件」の終わらせ方のことだ。

朝、テレビをつけて驚いた。そして映し出されるフジモリの笑顔と兵士たちの歓喜の姿に、腕ががくがくするほど嫌悪を覚えた。テロを支持するわけでもない。人質の解放を喜ばないわけではない。しかし、人を殺せと命じた者と、その任務を遂行した者たちの「成功」に興ずる様に、私はどうしても、どうしても嫌悪と恐怖を感じないではいられなかった。

それから、死者の数。七二分の一でも、七二〇分の一でも、死んだ人の家族にとっては全てでしょ。一万人が無事で、たった一人の犠牲者がでたとしても、その子どもにとっては唯一の父親（母親）を無くしたという一〇〇%の事実でしょ。憂うつだ。ゆううつ。

（憂うつの件つづき——それから、多分、私の憂うつの原因は、根気強く話し合いを重ねることが、一瞬の暴力に破れたという感じ方から来るのだと思う。テロ行為自体が暴力だけど、それに対抗するのが暴力というのは、これは戦争だなと感じた。テロ真っ盛り（?）の九一年にペルーへ行ったときにも感じることのな

です！これはある本からのコピーなのです。
ね。昨年、梨の木舎より出版された
人は図書室へ行こう！

## はじめまして あるいは—— お久しぶりです

これが[注3]「これでもこくごかつうしん[注1]・もしもしあたし[注2]RICAちゃん」四巻[注4]1号です。まずはタイトルの説明です。

1 本題の上に二行分けで書いてあるもの、こういうのを「角書—つのがき—」と言います。

例えば『痛快学園ラブコメディー城西ニコニコさくら組！』とか、『熱血感涙高校野球白球の誓い』とか…

ところで、我が通信の角書きが掛詞になっていることに

これは活字であります。そーです！ そーなん
その本とは ズバリ『もしもし あたし RICAちゃん』
私の、この通信18年分の本です。詳しく知りたい人
ちなみにコレは 90年4月17日号の一部です。

**見よ！**

は既にお気づきですね（答えは文末）。

2 「もしもし」とは「申し申し」からきている。人に呼びかける際の言葉です。

つまり、私から、あなたがたへの呼びかけです。

3 何故「りか」が「RIKA」でなく、「RICA」か。

語りかけです。この通信は。

「RICA」とはスペイン語で「金持ち」とか「富んだ」「豊かな」「美味な」「すばらしい」という意味の形容詞の女性形なのです。（スペイン語では、男性名詞と女性名詞に分かれていて、それに合わせて形容詞も男性形になったり女性形になったりします）

スペイン語を学習中の私としては、やはり綴りは「C」を使いたかったわけです。

（しかし、発音までスペイン語にしちゃうと、Rがめいっぱい巻き舌になってしまいます）

4 「四巻1号」とは？

手元に雑誌があったら、その一番後か、裏表紙の端のところ―発行年月日とか発行所などが書いてあるところをご覧ください。例えば、今私の手元にある「ぴあ」は第19巻第9号とあります。これは、「ぴあ」が発行されるようになって19年め、そして、その号は、今年になって出された9号め、ということです。

「本通信」の場合、学校の授業で配るので〝年〟ではなくて〝年度〟でつけています。

さあ、四巻1号の意味、わかりましたね。

じゃ、また。（R）

かった恐怖を、今私は感じている）

**ぼうけんのぼうは 冒ですぜ！**

「冒」

~~曰~~ ちゃう ~~冐~~ ちゃう

上の「曰」の部分は頭にかぶせるずきんの意味だそうだ。で、目の上をずきんでおおう意。また、目が見えないので、むこう見ずに進むことから、おかす意に用いるとのこと。

危険を冒す（おか）のが冒険さ。

**穏やか** です。私の手違いでおだや(か)になってましたが、送りがなは（やか）です。すみませんでした。

**カットウのカツは 葛** を。 匂 ×

匂と書いてね。

cf 渇く などは

俗字が常用漢字になっていて匂ですが、カッテは常用外で、以の旧字体

支障をきたす＝〜**に**支障をきたす と使います。（ex. 合唱コンクールのための練習に支障をきたさぬよう、選曲や指揮者伴奏者の選出はすみやかに行わなければならないのとちゃいますか。）

これでもこく
ごかつうしん

# もしもしあきこRICAちゃん

97年7月1日　11巻3号

## 私はこれから演説するぞ

神戸の例の事件のことです。

口にするのもおぞましくて、今まで何も言いませんでしたが、容疑者が一四歳の少年ということで、土曜日、台風の風の中遅く帰宅した私は、それを聞いて、瞬間心臓がずおんと音を立てたような衝撃を受けましたが、被害者とも加害者（?ほんとうに、ほんとうにそうなの?）とも年の近い皆さんは、また違ったショックを受けているだろうと思い、そう思うと少し言っておきたいことが出てきて、それでこれを話題にする次第です。

**これからしばらくの間は、新聞・TVその他で、いろんな人がいろんな事を言ったりいろんな「事実」が明るみに出たりするだろうけれど、そしてそれらはそれぞれに一理も二理もあったり説得力があったりするだろうけど、でもそれら全てを総合しても事件の真実そのものではないだろうということ。**

そして、ここからが言いたいことの要なのですが――たぶん、各種マスコミでいろんなおとなが、「分析」して語ることを聞いていたら、事件の背景として言われるもののいくつもが、みなさん自身にもあてはまって、ひどい時代に生まれてしまった自分たちにはロクな未来はなさそうじゃないか、まっとうに育たなくて当たり前なのかもしれないなんて気分になるのじゃないかと、なんだか、私、心配なのです。

で、言いたい。

環境は人に大きな影響を与える。

それは、そうだろう。

でも、同じ条件下に生まれ育ったからって同じ事を同じに考え、同じ行動をする人間になんてなりゃしない。

最終的に何かをしたり、しなかったり、それを決めるのは自分なのだ。今はよく言えば、親や学校の保護の下、悪く言えばその管理下にあって、自分で自分の事を決めて生きているという実感は薄いかもしれません。実際決められているという面も強いでしょう。しかし、たとえばあなたは今日学校へ来て、今、これを読んでいます。学校に来ない、これを読まないこともできるのに、そっちを選んでいないのは、まぎれもなくあなた、あなた自身なのです。私の言いたいこと、わかるかなぁ。

今回の事件のような、まっとうでないことに人間を追い込むような、そんな悪い面をたくさん持っている病んだ時代かも知れない。私たちも皆、犯罪者になる可能性を持っていると自覚して、真剣に考えることも大切だと思う。

次の漢字はマチガイを含みます。どこが×？

1. 仰ぐ　2. 暖かい
3. 壊す　4. 壊す

右は、今回の小テストで何人もの人が書いていた字です。どこがおかしい？
たまに、こういうのもあったぞ。

×普 ×通

言葉遣いってのが何人もいた。
そうそう、授業中注意しながら黒板に大書したにもかかわらず

なにコレ、なにコレ?! なに、なんなのコレ!!
ーと、私は松田聖子のようになりそうである。

でも、今、ともかく言っておきたいのは、自分が生きている時代状況がどんなに病んでいたって、それにつきあって病む必要はないってこと。自分が自分の人生をどうするかってこと、自分の生きている世の中をどうするかってこと、それが大切なのだと思います。

だから、「イマドキの中学生は」とか、「最近の子どもは」とか「若者は」とか、そういう調子でまとめて語られるときに、ああそうなのかあなんて、自分をそっちに合わせることはないんだからね。

ま、こりゃ老婆心ってものかね。

（六月三〇日午前一時半）

ところでー
魔 ですぞ。魔なんてのもあったぞ！
魔←× というのや
それから 距× 離× というのも多かった
オニよオニ、林の下にオニ

距 よ 臣 ちゃうで！
離も 離 ム よ 山 じゃなくて！

それから、まさかとは思いますが、これからの長雨の季節
つゆ＝梅雨 であって 露じゃない!!

ねむるは 眠 目＋民 です。眠(あ)ちゃいます
スイミンのミン

摘と滴 (テ)ヘンか(サ)ンズイか 意味考えて！ 滴はとうぜん一滴

"商" のところ 商 なんて 書いたらいけません！

それから、たて書きの文章で数字が出てくる場合、ちゃんと漢数字で書きましょう。見やすくするためにアラビア数字（0・1・2など）混ぜることもありますが、「1粒」とか「2泊」としたらダメ。今後も気をつけて下さい。

これでもこくごかつうしん

# もしもしあたしPAちゃん

Kanegon Kakenai…
11巻6号・97年11月6日
編集兼発行人・西山利佳

## ホンモノのおカネの作り方を終えてー

すごいことを教えてあげよう。よくお聞き、じゃなくてお読み、か……。

「逆説」とか「形而上学」とか、それ自体厄介な言葉を使っているから煙に巻かれる感じはあるけれど、要は、おカネに対する対照的な二つの考え方がわかれば大丈夫です。

ところで、今回は読者参加（ムリヤリ）の紙面です。まずは、自発的にレポートしてくれたF組山本さんからー

内容はもとより書き方もきちんとしていてわかりやすいのでそのまま載せさせてもらいました。そんなつもりはなく出してくれたのをお願いしてありがとねー♪

ってみると、図1では、AもBも
ことで自分のほしいものが手に
が基本である。
例えば、図2のような時、Aは
Bと交換することはできない。ところ
をかりて、まず魚と肉を交換し、
と布を交換すればAもBもほしい
に入る。

（必需品のことが多い）例えば、
る。この世に、布、塩、魚、米、肉、紙
と考えると、この世界は、Dは持ってい
に塩とかえておけば、全てのもと
る。この場合の塩のように、皆が
ことで、交換の中間物になるも
的な"カネ"と考えることができる。

えなくてはならないのが、"カネ"の役割を果たすものの性質
ず、みんなが「交換したい」と思うものである必要があった。
服はみんなほしがるが、図4のような交換比
率の下で、肉500g持っている人が、服0.5着と交換
無理がある。従って分割することのできるものがよい。また図5
のような場合、塩1tを運ぶのは大変なので、小さな
量で価値があるとみんな認めるものがよい。
な理由から、貴金属も光り輝くことで皆でほしがり、分割
きわりと少量しかとれないので価値のある金が広く使われる
った。

| | |
|---|---|
| kg→服1着 | |
| kg→塩1t | |

際に江戸時代まで江戸では金が使われ大阪では、
銀が使われていました。

（ほほーそれで例の預かり手形の例も「銀＋多」なわけね ナルホド…

五百円は同じ額なのに価値感が違うのを不思議に思うという感想を読んでいて、消費税の「逆進性」のこと思いました。財布に十万円ある金持ちも百円玉一枚しかない子どもも同じ商品を買って同じ額の税金[illegible]

◎例えば、古代の物々交換の社会を考えてみ

※ 人 持っているもの → ほしいもの と書く

交換することで
入る。これが

図1
A 魚→肉　B 肉→魚

ところが例え
直接布をBと
がCの手をへ
その後肉と布
ものが手に入

図2
A 魚→布　B 布→肉　C 肉→魚

◎ところで、多くの人がほしいと思うものがある。(以
図3を見ると、A,B,Cは塩をほしがっている。

図3
A 布→塩・魚・米
B 紙→塩・米・肉
C 茶→塩・肉・魚
D 石炭→布・紙・茶
E 塩→布・石炭・紙

石炭しかないと
る石炭を大量に
交換できる。こ
ほしいと思うこ
のが、原始的

ここで考えた
である。まず

図4
肉1kg

するには無

図5
鉄1kg

このような
保存でき
ようになった

(実際
銀が

それから、本単元の最初の時間に皆さんに書いてもらったおカネにまつわるエピソード。相当シビアなものも含めて、赤裸々な告白(?)が多くておもしろかったです。(おもしろいというのは興味深いということです。念のため。)

こちらは実に個人的なことだし、各々に了承もとっていないので名前は明かしませんが、ちょっと紹介しますね。

結構記憶を逆上って、幼時のエピソードを書いてくれた人も何人かいて興味深かったです。たとえば、適当に引き出しに入れっぱなしにしていた百円玉をある日あさって数えてみると千二百円、

あとね、小さい子が駄菓子屋で百円しかないのに三人で各々80円くらいのものを買おうとしていたという目撃談や、子供のころの

そのへんのことはっきり覚えていてたぶんおカネを認識し始めとしているのなんかリアルでおもしろかった。

あと、「昔(具体的に何才くらいなのか不明、残念!)10円玉を千枚集めたけど意味のなさに気付いて使いまくった」というのが笑えた。しかし、おカネは使われてこそ意味(価値)があるという真実を表わしてもいますよね。

「小学生のころに、誤って10円玉をドブにすててしまった次の日、38°の熱を出して学校を休んだことから、今でもバチがあたるということを信じる自分。」←いい人だ。そーしていい文だ!

しかし、今回の〃あんたが大賞〃と古典的賞を出さずにいられないヒットは、これだな。

「人は百円はあまりくれないが、50円もそんなにくれないが、10円は70%以上くれるが、5円も99%くれるが、1円は100%くれる。そんな1円でぼくは71円ためた。」というアンタだ!(P.S.ウラ)

こう書くと誰だかバレバレだろうが、どうせやってることが公然と見た。呆れたというか笑ったというか、感服いたしました。タダモンじゃねぇ…。

これでもこく
ごかつうしん

# もしもしあたしRICAちゃん

98年3月9日　11巻9号

## いよっ！期末お疲れさん！

当然ながら採点は終わっていない。しかし、つけ始めてはいる。そこで、一つだけ告げるぞ。

たのむからっ
直喩とか、ましてや直輸とか
諭とか　その他　バラエティーに富んだ字を
書かないでくれ。いったい、いったい何度
この字で点数を落とせば気がすむのだ?!
喩だろうが
喩↑注目
二本だよ
《と二本
たのむよおい
やっ!!
二年になってまたやりゃあがったら、ただ
じゃあおかねぇ。わかったか。

## 「一滴の水から」の授業をしながら思ったこと

琵琶湖の水が入れ替わるのに、えーと、何年だったたっけ、一九年だったっけ……ともかく、水をきれいにするのには地道な努力と時間が必要だけれど、逆に汚すのは一日でもできるのだよね。

そうか、なんでもそうだな、と思った。

例えば建物一つとっても作り上げるにはそれなりに時間がかかるけれど、人為的なビル爆破にせよ、大地震にせよ、作るのに要した時間に比べたら、ほんの一瞬でバラバラに壊せるよね。

一瞬では、何も作り上げられない。

しかし、破壊は一瞬でこと足りる。

そう、改めて思った（原爆なんてもろに、そうだ）。

人の信用というのもそうだ。以下、若干説教。

信頼関係は一瞬では作れない。人なんて長い時間を共に過ごす中でお互いがだんだんわかってくる。でもね、こわいことに、ある決定的な一つの言動でそれがもろくも崩れ去るということもあるのだ。

日々、信頼関係をうち立てるために気を配る高校生というのも、少々気味が悪いかも知れない。しかし、軽はずみな言動一つで信用を一瞬にして失い、それを回復するには、一滴一滴の水のごとき地道な積み重ねが必要なのだと、きちんとわかっておいてほしい。

**原爆資料ビデオ〝予言〟のみんなの感想への私の感想とか・・・。**

「こういうことを言ってはいけないのだろうけれど、正直言ってキモチ悪かった」

このパターンの感想が多く見られました。この感想って、とてもまっとうだと思います。まず、あの映像に「快」を感じたら、人としてちょっとヤバいでしょ。うぎゃあと目を覆いたくなる、これは当然の反応なのではないでしょうか。でも、「キモチ悪い」なんて言うのははばかられるという遠慮の気持ち、これもまっとうだなあと思う。

そこで、あと一歩進めて、口に出して面と向かっては言わないまでも、「キモチ悪い」「ああ見たくない」という目で我が身を見られた被爆者たちがどんなに哀しかったか、想像してみなきゃいけないのじゃないかなと思いました。肉体的な痛みに加えて、そういう精神的痛み、そして、放射能による遺伝への恐怖からくる差別・・・私たちは彼らと同じ体験はしていない、二度と体験する者がいちゃいけないけれど、だからわからない、ただ気の毒というのでなく、学んで、そして想像していくことはできるし、しなきゃいけないとそう思いました。

ビデオの最後の方でもふれられていましたが、アメリカ戦略爆撃調査団のカメラの前で己が身体の生々しい傷をさらさねばならなかった人々の、困惑した表情が重かった。だって、ちょっと考えてごらん。ニキビひとつでも、それをアップで写されるとなったらみんなは抵抗を感じるのでは?

私はあのビデオを初めて見たのは大学生の時でした。そのときの感想は覚えていない。今回再び見て、あのネバダの核実験のバカさ加減には衝撃を受けた。ほとんど人体実験だ。

林京子の作品、最後の授業で配ったのだけでも、ぜひぜひ、読んでください。知らない体験を自分の中に一つ増やすことは、たぶん生きる上で良いことです。

これでもこくごかつうしん

# もしもしあたしRICAちゃん

para 高

12巻1号・98年4月23日
編集兼発行人・西山利佳

これが、知る人ぞ知る—の、西山利佳お勝手通信なのだが、このタイトルの意味やら何やら説明するのはさすがに飽きた。なにせ、これを発行し始めてから十二年めなのだ。そのへんの詳細や経緯を知りたい人は、ぜひ、拙著『もしもしあたしRICAちゃん』（梨の木舎刊）を見てほしい。ほしい。すんごく見てほしい。

ところで「拙著」というのは「つまんない、つたない本ですが…」と自ら謙遜して言う言葉。「粗品」とか「粗茶」の類の語である。だから、まちがっても「ねえねえ、西山先生の拙著読んだ？」とか言わないように。（セッチョと読むのだよ）

## 今年も楽しく授業ができそうじゃわい

たとえば、次のような回答が多いとわくわくする。

答えて、それに答えて

生きてますか？

Ⓡ私、ペルー
ボリビアの
先住民の
ことば
アイマラ語は
かじったことが
ある！

の言葉
だから

身につけるとしたら何

ですか？

く大笑いしたり

買い物に行ったり

何を聞きま

ところで、「何のために生きているのか」という質問について、「楽しいことがいろいろあって、死ぬなんて選択肢にないから」としゃべったが、これは本心だけど一面的で軽薄すぎたきらいもあるので補足する。

まず、この質問は、私西山利佳に対して発せられてはいるが、質問者自身の「何のために生きるのか」という問題意識であることは確かだろう。これは哲学的な大問題だ。大問題なりの大解答もあるだろう。しかし、とりあえず私が考えたのは「生きる」は「好き」と同じで目的は必要ないのではないかな、ということ。理由と言いかえた方がいいかな。いろいろ説明もつけられるけれど、言うとウソになるというか、なかなか全体を語れないというか……。

「何のために生きるのか」—別に死ぬ気は毛頭なくても、とりあえず生きていることがまあまあ楽しくても、こういう問いを抱えてしまうのは若さの特権だと思う。大いに悩みたまえ。ただ、この問いを「自分はどう生きたいのか」にした方が実りあるよと助言したくなるのは、年長者の特権である。これもしつこく問い続けてほしい。

## ブエノス・アイレス98

春休み、四度めの海外旅行にして、

[illegible]

P.S. あ、ほかに…。アルヘンティーノスの「友達」はすごい 。それにしても94年の夏は派手だった 。チリの思い出も語ろう

3. 好きな匂いを一つ二つあげて下さい。

・晴れた日にしっかりとほした毛布
・うちの犬のストーブでこがしちゃったしっぽのにおい。
↑くきわかめの香りがなぜかしておもしろい香り。

8. あなたが覚えている一番古い記憶を

・2、3才の時、おじいちゃんとかくれんぼをして、わざと見つかってあげた。
・まだ歩けないころのことで、ざぶとんに対角線上にあおむけでねていること。

5. 最近、「どきん」としたことを教えて下さい。

・小学生に赤信号なので待ってくださいと言われたとき。
・ちょうちょの死体が歩いていたとき。

7. 自分で自分に質問を一つ考

あなたは自分に素直に生
いいえ

4. 英語以外で、何か一つ外国語を与
その理由も書いて下さい。

どこかの民族の
自分が変わりそうだ

6. あなたは子どもですか、おとなで

両方。友達とさわいだりしてすご
する時は子どものような気がする。
でも一人で歩いている時とか、買
する時は、大人かな?!

11. わたし西山利佳に一つだけ質問することになりました。何

あなたについて知りたいことはありません。

四度めの南米、アルゼンチンの首都ブエノス・アイレスに行っていた。初めての子連れ海外旅行にして、いきなり地球の反対側である。

八九年、初めての海外旅行でいきなりペルー、ボリビア、アルゼンチンを訪れた時の、見るもの聞くものびっくりだらけの旅については、拙者、『もしもしあたしR-CAちゃん』を読んでほしい。ナスカの地上絵も見たぞ。

九一年、またまたペルー・ボリビア・アルゼンチンへ行ったときの、たとえば標高四〇〇〇mくらいの銀山の地下で死にそうな思いをしたことなどは『もしもしあたしR-CAちゃん』を読んでほしい。

九四年、またまたまたペルー、ボリビア、そしてチリにちょっと、ペルーのテロ活動が特に激しくなり渡航を自粛せよとお達しがでていたにも関わらず——は91年だった、もとい、六週間の旅行日程のほとんどをボリビアの主都ラパスですごした夏については、『もしもしあたしR-CAちゃん』を読んでほしい。

で、今回の話もぼちぼち書くから読んでね。

**予告**

・なぜアルゼンチンか
・南米といえばサッカーの一面
・"眠らぬ街"とはよく言ったもんだ
・甘い。甘すぎるのだ。甘いのだ。
・アウト・バイレはお好き?
・決断を迫られる日々　など

乞う御期待！

これでもこく
ごかつうしん

# もしもしあたしRICAちゃん

98年5月28日　12巻2号

## Buenos Aires 98
# なぜアルゼンチンか
### コトノオコリノモノガタリ

予告からすでに十二分の一年以上の時が流れてしまったが、ご記憶だろうか。この春休み、アルゼンチンはブエノスアイレスへ行っておったのだよ。今回は、何故二歳半の幼子を連れて、地球を半周したりするのか物語る。一言で言えば、ラウラが家を買ったから、である。何のこっちゃわからんわな。

**LAURAとの出会い**

私はブエノスアイレス（長いので、以下Bs．As．と略）に一人の友人を持っている。二八歳、女性、独身、名はラウラ。彼女にうちの子をなるべく小さいうちに見せたいという思いがあった。そこへ、彼女が家を手に入れたというニュース。これは、行かいでか、となった次第である。

そもそも、なぜかの地に友人がいるのかというと、出会いは九年前、八九年の夏に遡る。生まれて初めての海外旅行でペルー、ボリビア、アルゼンチンを訪れたのだが、その際Bs．As．の旅行会社で働いていた彼女と出会った。ものすごく親切で感じの良かった彼女に礼状を出してから文通が始まり、かの地、この地で再会を重ね親交を深めてきたのであった。

**それにしても、そもそもなぜ南米か**

気がつくと南米である。小学生の頃から世界の七不思議的なものや、失われた文明なんてものが好きではあった。よくあることだが、それが、中でもアンデス地方に絞られていったのは何故か、こういうことは本当に不思議だ。今なら、もちろんペルーやボリビアのどこに惹かれるかいくらでも説明できるけれど、それが好きになった理由じゃないものね。なんだろうね。前世の因縁とか運命とか言いたくなることであるよ……。

とはいえ、いくつかの重要なシーンはある

**思へば中学時代……**

確か中二の時だ。私の育った宮崎県にも「大インカ展」だかなんだかがやって来た。友人何人かと、定期試験の後に行くことを約束していて、屈葬されたミイラの写真のチケットを机に大切に張っていた。そして、机に向かってはその写真を眺め、もし、もし、さわらせてくれるとしたら、絶対怖がらずにさわるぞ、とドキドキしながら枯れ木のようなミイラの感触を想像していたことをはっきり覚えている。（もちろんミイラはガラスケースの中。さわらせてくれるわけがなかった）

**思へば高校時代……**


忘れもしない、高二の秋。フォルクローレのコンサートと、それこそ運命的な出会いをした。ボリビアフォルクローレ界屈指のグループが、花のお江戸と宮崎は日南市の二ヵ所のみでコンサートをやったのだ。

このコンサートの衝撃は忘れられない。始まってすぐに、一曲終わる毎に、ああ終わっていく、終わっちゃうと胸が締め付けられるようだった。友人を介して手に入れたこの日の録音テープが私の宝物となり、二〇年も昔、それも地方ゆえに何の情報も持たず、そういうジャンルの音楽をやっている人が日本にいることも知らず、出されているレコードがあることも知らず、ひたすらその一本のライブ録音を聞き続けた。

そらから三年。祖母が亡くなった時、何か記念になるものを買いなさいと、財布に残っていたお金が孫に分けられ、私が買ったのはフォルクローレの楽器ケーナとその教本。そして、児童文学の事典だった。その六年後、その教本の執筆者のフォルクローレ教室に通いはじめ、ケーナに始まり歌もやるようになり、そのためにスペイン語も学びはじめ……一七歳の私は、そんなこと夢にも思っていなかった。


**だから、何で、アルゼンチン？**


一応新婚旅行の名目でペルー、ボリビア行きを決めたときである。それを聞いた、夫方の伯母が言ったのだ。

「そこまで行くなら、イグアスの滝見てくれればいいのに」

そっか、それもそうだな、で、アルゼンチンも行き先に追加したのでありました。

これでもこく
ごかつうしん

# もしもしあたしRICAちゃん

98年6月15日　12巻3号

？気づいていて、あえて言わなかった？
？気づいてない？
——前号（2号）ラストの堂々たる誤字のこと。

## 遇然→偶然

だよ。グウゼンノアヤマチサ

なんかヘンだな、と思いつつ書いちまってました。

？と思ったときはすぐに辞書を引かなきゃあきまへん。で、改めて漢和辞典を引くと・・・困ったなぁ。「遇」がもともと、「道でたまたま出会うこと」で「たまたま」という意を持っていて、「偶」は「遇」と同音で通じちゃって、「たまたま」という意味を持つに至ったというのだ。こりゃまちがうはずだ。こうなったら、こじつけて覚えてしまいましょう！

## 人は偶然　道で遭遇

え？　余計なコトしてくれるなって？　これでも国語科通信・・・許されたし。

## Bs．As．'98

## 南米とサッカーとわたし

私はこてこての文系人間で、スポーツは概ねやりもしなけりゃ観もしない。しかし、ラテンアメリカが関わるとなると話は違う。サッカーには（ルールはともかく）相当関心はあるのだ。

### 九四年ワールドカップアメリカ大会

決勝戦のその日そのとき、私はペルーの砂漠地帯で馬に乗っていた。馬係のセニョールもさぞかし試合を見たかったろう。しかし、試合は延長戦に入ったらしい。彼も間に合って良かったね、と言いつつオアシスの水辺にあるレストランで休憩。簡単な、とても単純な軽食を頼むもなかなか出てこない。ウェイトレスは最近コックが変わって不慣れなものだから、と言い訳していたが、あれは絶対テレビを見ていたのだ。すり鉢状の底に位置するオアシスは、音の聞こえがとても不思議だった。砂の壁に囲まれているせいだろう。向こう岸のカフェから、「わぁっ!!」という歓声と「はぁ」という嘆息が届くので、ＰＫ戦になったのだなぁと知る私たちだった。

## さてアルゼンチンだよ
## アルヘンティーナ

先に書いたように私はスポーツの試合を観に行ったことのない人間である。（例外的に、甲子園だけは何度も行っている。親戚が神戸なものだから）しかし、今、本場で観戦してきたら、これは自慢できるのじゃないかと、軽薄にも考えた私、友人ラウラに聞いてみる。

「フットボール好き?」

「ＮＯ!（きっぱり）サッカー好きのアミーゴもいない」「どして?!（ポルケ?＝ｗｈｙ「ぽるけ」ってかわいいでしょ）」

「だって、サッカーファンはサッカーだけ！　他に楽しいことがたくさんあるのに、休みの日はサッカー観るだけ。つまらない」

ボートクラブに属し、たくさんの友人とわいわいアクティブに楽しむのが好きなラウラの弁である。これは、裏返すとやはりアルゼンチン人のサッカー熱の激しさの証言でもあるよね。ところで彼女の友人のパイロット（車の免許は持っていないってところが笑えた）に、ラプラタ川中州の島へセスナで運んでもらったピクニックの日、彼らは「日本にはラモン・ディアスが行ってるよね」と話しかけてきた。

さて、サッカーの試合、観には行かなかったが、ボールをける姿はあちこちで見かけた。まず電車の窓から見えるのが、ゴルフ練習場やテニスコートでなく、狭くてもサッカー場。そして、ボカという地区の小さな公園では、壁にペンキで描かれたゴールを背に数人の男の子たちがボールをけっていた。太めの子や、ゴム草履の子。それを横目にパリッとしたユニフォームで通り過ぎていくサッカー少年を見かけたが、それは、ボカのジュニアチームの子だったみたい。（そう、「ボカ」。タンゴ発祥の地として有名なのだが、サッカー好きなら「ボカ・ジュニオルズ・フットボール・クラブ」のボカ、マラドーナのホームグラウンド、キャパ九万のスタジアムを擁するボカ）頂点の高さはすそ野の広さ…ブラジルもすごいんだろうね。

これでもこく
ごかつうしん

# もしもしあきらRICAちゃん

98年9月8日　12巻5号

　夏休みといったって、部活で毎日のように学校に来ていたし（それが不満げな人、それが楽しかったという人サマザマサマー）、補習だの塾だのが忙しかったし、何より宿題が多すぎるぞお、という声も聞かれますが、中高生の夏休みというのは概してそんなところでしょうか。

　私は、十分に遊びましたよ。遊ぶしかないと申しましょうか。八月は半分以上、実家のある宮崎に帰っておりました。連日最高気温が三七℃、まとまった雨無しの暑さの中、海だプールだ牧場だ、家にいるときゃトトロのビデオだ——という二歳九ヵ月児にふさわしい日々なのでした。

　さて、そんな中、我が子の近況から深く思考した、なかなか示唆に富むエッセイです。読んでおくれやす。

## うちの子は「ん」が読める

　うちの子、最近「ん」が読める。

　事の起こりは「くもん」だ。しかし、私が娘に早くも公文の早期教育を施しているなどと早合点はしないでほしい（学生時代バイト先で相手していた幼児の公文のぬりえに、日章旗付きの軍艦や戦闘機の絵があった。私は公文の趣味を疑っている）。

　某所で捨てられかけていたくもんの絵本をもらい受けてきたのが発端である。それは『くもんの学習絵本・しょうぼうじどうしゃぶるるん』という。消防車や救急車好きなのはうちの子に限ったことではない。それがテーマで絵がかわいい。よし、もらった！というワケだ。それが、大ウケにウケて飽きることなく読まされ続けている。

　そして、そのうちに彼女は気づいたのだ。紙の上のモヨウ、しみ、なんか、これはひとつひとつ音が決まっているらしい……。そして、一文字一文字タイトルを指さしては、「これなに?」「これは?」で、中でも音がおもしろいからか「ん」を覚えてしまった（今、「も」もわかるようになっている）最初はその絵本の表紙の

「ん」が読めるだけだったのが、この夏、どこにあっても「ん」を識別するに至ったのである。

結果――町中で突然「んだぁ!!」と叫ぶ。

見ると、おお、確かに赤いちょうちんに黒々とうどん。そば屋に入れば、あるある「ん」だらけ。テレビを見てても「んだぁ!!」テロップは「玉緒さん」。ワープロで「ん」を教えてやったら喜んで「んんんんんんんんんんん……」（追記・ある日「んだ、んだんがいっぱい！」と大喜びしている。テレビ画面は……健康スペシャルがん特集。胃がん・乳がん・大腸がん……）。

　しかし、この小文のテーマは「うちの子字が読めてすごいでしょ」ではない。

　字が読めるということはすごいことなのだということ。単なるモヨウでも、シミでもなく、それが意味を持って迫ってくる。これはすごいことではないか。何言ってんだかわからない人は、アラビア文字でも思いうかべてみて。あの何じゃらわからんうねうねしたものを読める人が読めば、例えば「駐車禁止」だったりするのが、我々にはそんな意味はやってこないで、ただのうねうねでしょ。でも、文字って事はわかるから何か意味が有るんだろうなぁくらいは考える。でも、文字を知らない幼子にとって、何か情報を伝える記号の存在に気づくと言うことは、新たなステージへの劇的な転換ではないか。

　だからといって、否、だからこそ、どんどん字を教えようとは思わぬ私である。文字を知ると知らないの間には決して戻れない深～～い河が横たわっているのだよ。読める側に渡ってしまった私たち（読めない漢字が多いと言っても、あなたたちも、もうとうにこの河を渡っている）どんなにボーっと町を歩き電車に乗っても、もう様々な看板やポスターの文字が無意味なモヨウとしては目に映っては来ないのだ。いちいち「この秋、髪を切ってアカ抜ける」とか「平日夕方五時より時給五八〇円」とか意味として頭に入ってきてしまう。

　なんの掲示もないのに「あ、にさいでもできますってかいてあるよ」と都合良く言う娘と共に、読めると読めないの間をゆっくり渡りたい私なのである。ん。

これでもこくごかつうしん

# もしもしあたしRICAちゃん

Para. 高之

12巻7号・98年12月21日
編集兼発行人・西山利佳

## 期末テスト C組平均＝46.6

（うち、個列は13.6／20点）

でした。点数として良くはないけれど（他クラスより低いという意味じゃない）採点しながらあんまり腹は立たなかった。「こんなのもできんのかうがぁー!!」ではなく「すごい、こんな風に書けるなんて、なかなかヤルじゃない♡」という感じでつけられた。ただ、もちろん(?)、授業を聞いていなかったのがモロに出た解答（誤解）もありました。三学期の最初の時間に返すから問題持ってきなさいね。

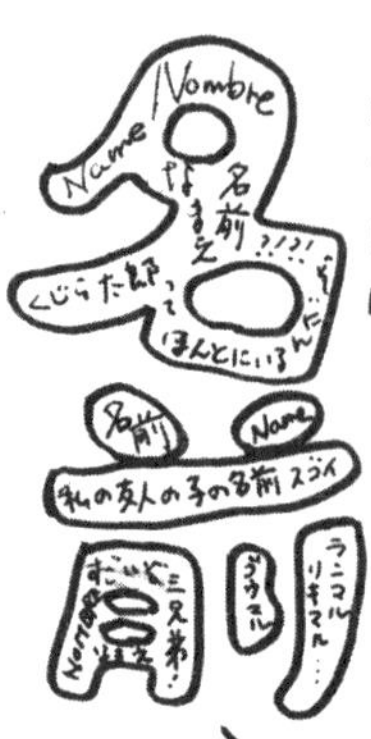


## ネタdeもっと楽しもう!

「名を呼ぶ」おもしろかったよね。一読後と宿題で提供してもらったエピソードで未紹介のおもしろいもの、ここで載せておきましょう。

「歌手のチャラの娘さんは、「Smile」とかけて「スミレ」」

ほぉーっ! スミレちゃんってそれほど珍しい名

…とこがコワイ。

質問! T.M.Revolution（スペルあってる???）って、一人でしょ? なんでこんなタイソウな名前なの?! この名前でしかも演歌歌手だったらすごいよね。個人名としてはルール違反って気がするけれど、曲のイメージとしては合ってるのかな? よく知らないけど…。名が体を表しているグループ名としては「たま」が好きです。今は無き「イカ天」出身のバンドですが知ってる?

## 猿岩石

も、なかなかにすごい名前だと思います。「電波少年」を観ていない私はこれが何だかちっともわからなかった。電車の中吊り公告で「猿岩石」「猿岩石」…???あたしゃ、孫悟空がどうかしたのかと思っとった。ほら、岩に閉じこめられるじゃない孫悟空って。（そうそう、西遊記にでてくる金角、銀角が持っているひょうたん、名前呼ばれて返事すると中にすいこまれちゃうあれ、例に出してくれたTさん、いい連想です!）

## 一太郎

商品名として意表をついて大成功なのは多々あると思いますが、私が一番に思いつくのは、ワープロソフト「一太郎」。最もカタカナ的世界のコンピュータソフトに「一太郎」。「一」で「太郎」で、漢字のこの堂々たる日本的世界の名前をつけたのは大正解だったと思いますよ。

（ちゃんという名らしい。これには感動!!）Ⓣ

梨木香歩という作家のファンタジー『裏庭』では主人公「照美」がテルミー（Tell me）であることが鍵だったな、なんて思い出しました。親の意図がなくても、偶然、どこかの言葉で何らかの意味になっている名前の人、いるんじゃない？（私の名前、リカはスペイン語で豊かとかおいしいってこと。この偶然のおかげで一遍で覚えてもらえる南米人に。うれしい私さ。）

※ イイ意味とは限らない

前でもないけど、ミエとは、すてき！

思わずワオ♪ 親の願いと出生順が火を見るより明らかな命名！ あと、弟さんに「憲三郎」「法四郎」と続いてる……わけないでしょ。

大○某先生のお名前が和二郎。その兄上のお名が平一郎——と極秘入手（偶然知った）I君・極上のネタをありがとう！

固有名詞はどうつけたっていい。いいんだけど、社会的混乱を起こさぬよう名付けの対象となる物の属する範ちゅうに従って、それらしい名がつけられる——んだったよね。

（参考「言葉の不思議④」教科書P136）

で、それをわざとはずしてインパクトのある例として「マツモトキヨシ」「ユースケ・サンタマリア」を挙げましたが、もっと浮かんでいるので書いておきます。（宿題で募ったけれど、ハレーすい星の「ハレイ」ちゃん以外めぼしいのなかったなあ…）

ところで、意表をつくなど考えもしていないだろうけれど、私にひそかにうけまくっているのが、要町の駅近くのアパート「要荘」。そのまんま、そのまんまなんだけど、笑えると思いません？

——で、こういう「それらしくない名」をでっちあげてくれても良かったのに……思いつかなかった？ 遊んでる時間がなかった？

ex. **もも組** という名の暴力団。

アパートの名前が **八葉荘**（ヤバ）、**つぶれ荘**。

**ブルーライト横浜** というサッカーチーム。

さあ、君も考えてみよう！

## さて、自分の名前に固執すること甚しい西山**利佳**の場合

だいたい、この通信のタイトルからして恥ずかしいと言われて久しいが、50になろうと六十になろうとあたしはりかだ。タカラのリカちゃんよりこちとら年経ているんだマイッタカ！

三十七年も前にこういう名前をつけてくれた両親に私は感謝している。「子」がついてないなんてかわいそうと近所の奥さんに言われたそうだ。いったいそんな名をどこから発想したのか。命名者は母。母が結婚前に勤めていた会社の社長宅のネコからとったという。マリカだかエリカだかいうネコ。かしこくてかわいかったんだって。初めての子にネコからとった名前をつける母親を私は心から愉快に思う。それに利発、利口の利（りきれる！頭いいの意）と佳人の佳（よい、美しいの意）の字をあててくれた父にも感謝！★

★このパッと見 女らしからぬ表記がまたいいのだ。自分じゃいまだにうまく書けないが活字になるとおさまりがいいのがいいのだ。小児科がまの

これでもこくごかつうしん

# もしもしあたしRICAちゃん

99年2月24日　12巻8号

久しぶりでごんず。

中学二年の教材、吉野弘の詩「夕焼け」で2の1の皆さんがずいぶん良いことを書いてくれたし、思い出したり考えさせられたりすることが多かったので、久々の発行です。

最初に詩を読んで、感想とは別に体験など書いてもらいましたが、これに関する私の感想はプリントの夕イトルそのもの——

**ゆずったり　　あんたらみんな**
**ゆずれなかったり　　ええ子おやなあ**

さて、譲ろうとしたら「まだ年寄りじゃないわよ」とどなられたという体験。小中学生からしたら十分年とってるじゃない！（高校生からだってね）。座る気がないなら、「ありがとう。でもお気持ちだけで十分よ」とか、なんとか言えばいいじゃない。これでは、めげやすい若者はだんだん席譲ろうとしなくなりますよねえ。

「年寄りじゃないわよ！」と怒られたらどうしようと不安な人が多かったけど、譲るほうがよいが、しかし違ったらそれこそ車内気まずい空気でし～んとなるケースを教えてしんぜよう。

そ・れ・は妊婦　もう誰の目にも明らかに、という場合は良いとして、しかし、実は流産のおそれが高いのは、まだ外見上おなかも目立たない妊娠初期なのよね。元気そうな若い女性だってシルバーシートに堂々と座るべき時もあるわけよ。

そういえば、江國香織の短編「デューク」（新潮文庫『つめたいよるに』に入ってます）では、飼い犬が死んで大泣きしている主人公に少年が席を譲ってくれるんだった。（その少年とその日はデートすることになるんだけど、その正体は・・・・）

みんなが他の人を気遣うだけの余裕があればいいの

よね。疲れていると、難しいのよね。

そもそも殺人的満員電車自体まちがってない？「席を譲る前（他？）にも、大切なことがあったんだな」と書いたKさんの指摘は大事。考えてみましょうよいろいろ。

ひっさびさの ブエノス・アイレス'98

## 席、いっぱい譲られ体験の巻

さて、二週間足らずだが日本を離れて帰ってきて、「あぁ、日本だあ!!」と実感したのが、まさに、この車中のことだった。成田から戻ってきて乗り換えた山手線で、子どもを抱いて立っているのに（しかもシルバーシートの前）、譲ってくれない。このとき、二歳児一三kg弱を抱いて立っていたのは父親。なら、譲ってもらえなくても当然でしょと思われるだろうか。でもね、ブエノス・アイレスでは違ったのよ。男親が抱いていても、遠慮しても、さっと代わってくれたのだった。

そもそもあまり混み合う電車バスに乗ることも少なかったが、でもブエノス・アイレスは南米屈指の大都会。夕方、都心のターミナル駅から出る下り電車は東京並に混んでいた。一度そういうのに乗ることになった。そのとき娘を抱いていたのは私だが、混みすぎていて座席の近くにも寄れない。――座席がね、都内のほとんどの電車のごときベンチ式ではなくて、四人毎のボックスシートなの。ボックス式だと詰め込める人数は減るけど、人間的だね。座っている人の膝頭にくっついたり、覆い被さる形にはならないもの。山手線の貨車のような無席車両、あちらの人には信じられないだろうね。

ゆられながら徐々に内側へ移動し座席の背につかまるところまでたどり着くと、私に気づいた女性が、さっと席を立ってくれたのだ。にこりともせず。読みかけのファイルを抱えたまま。なんか、かっこよかったね。

友人ラウラが来日したときのことだ。一緒に乗った山手線で、前に立ったおなかの大きな女性にさっと席を立った彼女だった。私には迷う暇もなかった。年寄りや、子連れや、体の悪い人が自分の前に立った↓席代わる。

ここにためらいも迷いも何もない。スイッチON、パッ！てな具合。そっかぁ、これがコツかぁ。シャイな諸君よ！　なーんも考えんで、パッと立つといい。ドキドキする間もなく、ね。

あんたらのずーっと先に私はチャレンジした自信ある。だってこちとら現役三年間のおお

これでもこくごかつうしん

# もしもしあたしRICAちゃん

Para 2C

12巻9号・99年3月18日
編集兼発行人・西山利佳

期末が終って以来、すっかり羽を伸ばしているのだろうねえ。

二年C組の平均は⇓ **64点** 最高：**84**（3人） 最低：**43**（2人）

いやあ、まさにだんご状態。そんな2Cが大好きよ。二〇点分の個別問題も平均18点。意外と手ぇ抜かなかったわね。えらい、えらい。

で、短歌。良かったよ。字足らずやへんな古文もあるけれど、でもみんなよかったよ。共感できる作品も多いと思うので、この裏に印刷します。読んでください。この表現いいなと思った所には～～線を入れておきました。

期末テスト前に選んでもらったみんなの

## 俳句

〈2C互選〉

一位六票　おおみそかしちじはんからどらえもん
二位四票　かなぶんとガチャピン宇宙で田植えする
三位三票　僕の祖父インフルエンザでご臨終
四位二票　ひまわりは夏にとっても似合う花
同　不景気で父の会社に雪ふぶく
同　散る紅葉静かに落つる冬の川
同　春を待つふとんをかさねつらい朝

予想できたと言えなくもないがこの結果…ウケた順だナ

句集『火の匂ひ』もお持ちの俳人二川先生にも見ていただきました。ありがたいことですよ。

二川先生は他にいくつか添削もして下さいました。

木の芽にもしんしんと降る春の雪
深夜映画夢中になるや沈丁花

なるほど。勉強になります。

では、私は、と言いますと――

春先のみんな机につっぷする

〈西山利佳・選〉

深夜映画夢中になって沈丁花

「夢中になるや沈丁花」だとますますいいですね。春の夜の空気の中に甘い香りが漂ってきて…キュンとした。

地球儀を回して探す花の国

花いっぱいの国、春の国、それを「地球儀を回して探す」なんか楽しくて、春のうきうきする気分がでていると思いました。

かなぶんとガチャピン宇宙で田植えする

この音のとりあわせが好き。宇宙、田植え…ミスマッチが妙にスケールの大きい句にしてるよね。

かなぶんとガチャピン――

鳥の目に秋空高しビルの窓

「鳥・秋空、そーしてビル。都会の中の自然というか、その乾いた洗練された感じが、秋の空気のかわき方にあってるという気がした。オシャレ。

最後の最後に

**Bs.As.'98**（ブエノスアイレス）

**疲れるけど大切なことーー**

みてね！

＜二川先生　選＞

◎ 燕鳴く声にみとられ突然死

ウロコ雲紅茶にミルク濃くいれて

そば処更科

◎ 日の光春のにおいをかもしだす

地球儀を回して探す花の国

散る紅葉静かに落つる冬の川

青空よおまえはどこにつづくのだ

○ ふきのとう寒さにたえて空を見る

あたたかき春の日抱き眠る我

雨しずくぽたぽた落ちる夕納涼

かなぶんとガチャピン宇宙で田植えする

五月雨でめちゃくちゃになる扇風機

うつくしくいきてるあかしせみのねよ

鳥の目に秋空高しビルの窓

しんしんとふるゆきつもるわたしの心 → 心あり心かな　by 二川先生

雪のはらふと見上げると流れほし

スノボーは調子に乗るとケガするぞ

末摘花

木目調真空管

「燕鳴く…」は、本人はボツにしたつもりで✕をつけていたのを、おもしろいじゃないの、と載せたのでした。私にも見る目があるってことね。「ウロコ雲…」は、皆さんに選んでもらった時も、一票得ていました。「まるで教科書にのっているみたいだった。」の感想付きで。この一票が作った本人によるものかどうか、ということは……ま、いいじゃない。

# 大切なこと

よ〜く考えてみよう

ほぼ一年前のことになりましたが、例のアルゼンチン旅行のときのことです。

疲れた（パワーが必要だった）のが、意思表示だった。友人ラウラは、必ず私たちの意思を聞く。どうしたいか、何を食べたいか、どこへ行くかetc。言葉の力が足りない上に、判断材料もあまりもちあわせていないのだから、いいようにしてくれってなものだが、とにかく必ず、私の決断を求める。慣れないスペイン語の中で、四六時中意思表示することは、平素かなりはっきりしている方の私にも、しんどいことだった。

そんなある夜の話。ラウラは93年に、日本の国際交流ナンタラ（？）で招かれて来日している。かなりの国々から若者たちがやってきて、そして日本の文化を学んだり、日本の若者と交流したりといった企画だった。その中で、御殿場のセミナーハウス（？）で合宿交流会が開かれた。ところが、夜、九時（だったかな？）でおひらき、部屋にもどるよう指示され、ラウラたち南米組中心に「9時なんて始まる時間だ！もっと遅くまで許可しろ」と交渉し、かなり押し問答をして、そうしてやっと交流会の時間延長を勝ちとったのだという。その瞬間、日本人の若者たちは「ヤッター!!」と大喜びしたのだそうだ。交渉の中ではひとことも発言せず、ラウラたちにまかせていたのに。

ああ、ありそうだと思う半面、日本人として恥ずかしかった。ね、みんな、こういう人間は恥ずかしい。別に人と違ったことをするとか、目立つとか目立ちたくないとか、そういうことではなくて、自分はどう考えるのか（思うのか・感じるのか）それを自分にも外にもはっきりさせることが、しんどくても、とても大切なことだと思うわけです。高三になる君たちに、これが贈る言葉です。P.S. ぜひ皆さんで、マジに「お母さんといっしょ」見てるんだもん。チャンチャン。

# 2　子連れ旅

これでもこく
ごかつうしん

# もしもしあたしRICAちゃん

99年9月8日　13巻3号

## 西山利佳への質問　回答第二弾

Q　日本人として生まれてきて、良かったと思いますか

A　普段、自分を「日本人」として意識して生きていないので、答えにくいが・・・。

今を去ること八年前、日本人技術者が殺されたばかりのペルーへ、外務省の渡航自粛勧告にもめげずに旅行したとき、「日本人」ということを考えた。私はフジモリ大統領（日系ペルー人）と何の関係もないし、日本政府のやることなすこと私の意志とはかけ離れていて賛同なんかしていないのに、でも、「日本人」ってことでテロの標的になるかも知れないんだな。とても理不尽だけど、私も「日本人」を背負わなきゃいけないんだなと思った。なら、「日本」って国にまともであってほしい。日本の軍隊がどっかで人を殺して、その恨みを買うなんて、まっぴらゴメンだね。

## バルセロな　夏休みレポート①

夏休み、親子三人でバルセロナに行きました。七月三〇日に日本を発って、八月一六日に帰国。南米以外の海外旅行は今回が初めて。ということで、どうしてもかつての旅と比較することが多くなってしまいそうです。

### 三歳児と旅するということ・・・

三歳児と旅するということ。その大部分はトイレの心配である。諸君も一人前の顔をしているが、おむつとバイバイしてからせいぜい一三、四年でしょ。うちの子が二四時間パンツ生活に入ったのがこの五月くらい。粗相があってはならじと、しょっちゅう「トイレは？しっこは？」となる——が、敵は頑固者でしかも今のことしか頭にない三歳児である。念のため、今のうちという発想がないので、トイレに誘うのは毎度大変な

エネルギーを要する。

最初の危機は思わぬところからやって来た。鉄のスチュワーデスである。「トイレ」という娘。しかし、折悪しくベルト着用サインが！斜め前に自らベルトを着用し腰掛けた若きロシア人スチュワーデスは（ロシアの航空会社で、見事なプラチナブロンドの白人ぶりに、ロシア人だと勝手に思っただけだけど）、我々がトイレへ立つことを頑として許さなかった。にこりともせず。NO。

完璧にアイメイクした、ものすごい美人の白人女性がにこりともしないのは、ほんとに怖い。逆らえなかった私である。かくして、娘はぽろぽろ涙を流しながら寝入ったのである。幸い、お漏らしはしなかったが・・・・。

＊　＊　＊

三一日、バルセロナに着く。思いのほか涼しい。

入国審査の列に付いている最中、機嫌良く遊んでいた娘は言った。「うんち！」さあ、スイッチオン！とばかりに脱兎のごとく走る母子。トイレの場所は目の端でチェック済。「りっぱなトイレねぇ」と満足そうに用を足し、カウンターへ戻ると、私たちが最後である。おひげの入国審査官は鼻歌を歌いながらスタンプぽん！娘を見て「Ｈｏｌａ！　Ｑｕｅ　ｇｕａｐａ！」（やぁ、べっぴんさん！）。ああ、スペインに来たんだなぁと実感したのだった。

そして空港から市内へ向かう電車のホームで、三歳は笑わせてくれる。並んで座ったベンチで、「とれなくなっちゃった・・・・」の声。何のことかと横を見て、冗談かと思ったね。早速ベンチの編み目に指をつっこんで、涙をためているの。そして彼女は学んだのである。穴があっても指つっこんじゃダメ。この教訓は身にしみたらしく、同じ過ちは重ねなかった。

＊

バルセロナのトイレときたら、いつでもどこでも（といっても、へんぴなところに行ってないけど）清潔。ハンドソープとドライヤー付き！　表のドラム缶から水をくんできて流す、といった事態が全くなかった。清潔、安全、機能的、便利。とてもそう感じるのは、私の基礎知識が偏っていたからなのだけど・・・・。それが、ちょっとつまんないのは、私のわがままなのだけど・・・・。

これでもこく
ごかつうしん

# もしもしあきこRICAちゃん

99年11月11日　13巻4号

**三号を出してから、あっという間に一年の六分の一が過ぎてしまいました。**

「あっという間」と言えば、君らは「あっという間劇場」というのを知っとるかね。

ＮＨＫの「おかあさんといっしょ」の中で、先月から（私が気づいたのが一〇月始め）やってます。

♪あっというまに　はじまって
あっというまに　おわります
その名も　だんご三兄弟
あっというま♪♪げきじょう～

で始まり、それこそあっという間に終わる二幕仕立ての歌。私に大いに受けているので、これが始まると、娘が「おみしろいのはじまったよ～」と教えてくれます。

だんご三兄弟ブームの狂騒を自らこういう形で茶化してしまうしたたかなユーモア。すばらしい。

## バルセロな夏休みレポート　やっと②

# そりゃダリだ?!

娘三歳に問う――一番気に入ったところは?

答へて曰く「あのね、壁にうんちが付いてて、屋根に玉子がのってるところ」

重ねて問ふ――何がおもしろかった?

答へて曰く「お金入れるとタクシーの中に雨が降るの」……三歳児の戯言と思うなかれ。これ、正しいのよ。ダリ美術館のことなのです。シュールリアリズムの巨匠ダリ。ドローリとけている時計の絵を美術の教科書で目にしたことがあるのではないだろうか。絵は日本で観る機会もあるだろうが、その建物やオブジェは現地でしか見られないと、私のたっての希望で訪れたのだった。ピンクの外壁は、うす茶色のおそらくパンなのであろうが、う○ちにも見える焼き物が覆い、屋根の上にはダリ大好きな玉子が数個立っている。そういう建物正面のブロンズの女性像は頭にフランスパンを載せている。

　この美術館を訪れる人は多く、その日も入場を制限しながら少しずつ入館させるので、朝から大変な行列であった。で、そこは夫に並んでもらって、涼しい木陰のカフェでジュースにアイスの私と娘。そろそろ良いかな、と列に戻ると、なんか、みんなそんな調子だったみたいね。世界各地からやって来た父親同士「暑いねぇ」とかいい合いながら、並んでて、先頭に近づくとどこからともなく、妻や子が現れて合流するの。お父さんたちには悪いが、なんか、和む光景だった。どこ行ってもいっしょだなぁ、って。

　さて、入ると中庭には、雨降りタクシー。一〇〇ペセタ入れると、マネキン人形が乗っている車内にざあざあと雨が降るのだ。そして、国を問わず、だれもが「バカだねぇあははは」と笑うのである。シュールは国境を越える（タクシーから離れてみると、はるか上方で、こうもり傘がゆっくり開閉する仕掛けにも気づく）。

　巨大なタコあり、トウモロコシで作られた人の顔の入り口あり……学園祭的あほらしさにも満ちている、この芸術家の城は、ダリをただの奇人変人にしなかったスペインの風土というか、気風のすごさをも思わせるものだった。

　さて、この美術館、フィゲラスというところにあるのだが、そのバスターミナルでの出来事である。バス待ちの時間を、小さな公園でつぶしていたとき、うちの子、地元の男の子とお友だちになっちゃったのだ。滑り台や上り棒がユニットになった小さな遊具で遊んでいたうちの子にモーションをかけてきたのは、後で四歳とわかる男の子。おそらくカタルーニャ語（スペイン人が全てスペイン語ではないのです）で、ずーっとしゃべりながら寄ってくる。最初は恥ずかしがっていたうちの子も、そのうち彼の差し出す手に「お手」の如く手を出したり……。そして、なんと、二人は話しているではないか。

男の子　「∝@§※⇔℃%?」
うちの子　「うん」
男の子　「∂∫∴♂⇔§&♪#♀‡$?」
うちの子　「ううん」

　トンネルの中から「みなみ、こっちから行くね」という声が聞こえ、二人はそれぞれの穴から出て来るではないか！おいおい、通じているのか！

　すっごくふしぎでおもしろい光景だった。

これでもこくごかつうしん

もしもあたしRIKAちゃん

再び1年のネタだけど2年生にもタメになろう!

13巻5号・99年12月6日
編集兼発行人・西山利佳

一年D組・E組の皆さんに書いてもらった「論語」その他の具体例から、うまいものいくつか紹介いたしましょう。

## A 無常観 (無情感ちゃうでぇ)

* 中学の時、すごくモテた友達が今はそんなにモテなくなった。中学の時かわいくなかった友達がかわいくなってすごくモテるようになった。やっぱり、ずっとかわいくてモテる人はいないんだなーと思った。(=中学の時は頂点だった子も今は……無常観といいませんか?)

友の目もキビシイのう…

* 空を見上げて、雲がゆっくり動いている時、時が流れると感じる。

おおっ

* 流行したものも一年たてば忘れられてしまう。特にテレビなどで取り上げられたもの(人)ほどすぐに忘れられ、忘れられればテレビでは取り上げない。そういう冷めたさに無常を感じる。

* 月の初めこづかいをもらって派手に遊んでいたら、月末金がなくなって借金した。(返し済み)

年の始めにまた無常観にひたらないようにね〜 お年玉を派手に使って、とか

* 全然知らないのに、いかにも知っているようなくちぶりで話の中に入ってくる友達。知ったかぶっていることが見え見え。知らないなら、聞けばいいのにと思う。知らないのに話を合わせられると、逆に腹が立つ。それでケンカした。

って上段の人と、というわけではないです。たぶん。

## D 「之(これ)を知(し)る者(もの)は之(これ)を好(この)む者(もの)にしかず。之(これ)を好(この)む者(もの)は之(これ)を楽(たの)しむ者(もの)にしかず。」

* ピアノをムリヤリ習っていたときはつまらなかったが、ピアノをやめてから、ピアノが好きになり、前よりもたくさん弾くようになった。

とても良い例だと思います

## E 「あやまちは、やすき所になりて必ずつかまつることに候ふ」

by 木登り名人

* スキーをしている時に、思いがけず急斜面に出てしまい、恐くてしょうがないのでボーゲンでゆっくり降りてきたら、なんとかきりぬけたのに、その後の、比較的なだらかな斜面で気が抜けてしまい、直滑降で滑っていき、あやうく、木にぶつかる所だった。

一年生諸君
スキー実習
気をつけて行ってらっしゃい

**B**

「学んで思はざれば則ち罔し。思ひて学ばざれば則ち殆ふし。」と。

＊先生から教えてもらっているだけで、自分で考えないと自分のものになんないし、先生の言っていることを聞かずに自分で考えていてもわからない。

よくぞ、よくぞ言ってくれました！（感涙）そうなんだよ、本当にそうなんだよ！（エライぞ！）こういうふうに教科書で学んだことの具体例を書かせたりするのも「学」ばかりでなく、ちゃんと自分の頭（心・体）で「思」ってほしいからなわけです。どの教科についても言えることですよ。そして、一生言えることだと思います。（別に学生時代のみの教訓でなく、知識・情報に対する姿勢として。）

**C**

「由、女に之を知るを誨へんか。之を知るを之を知ると為し、知らざるを知らずと為す。是れ知るなり。」

＊最近ミュージック番組を見てなくて、何とか話を合わせようと思って「この曲なつかしい！」と言ったら、ある人に「この曲、新曲だよ」と言われた。やっぱり、知らないことを無理して知っている風に言うのはよくない。

このテの話、多かったよ。妙な気のつかい方してる人多いのかなあと思った

＊野球で3、4、5番に一生懸命投げて打たれなくて、7、8、9番に気を抜いたら打たれてしまった。

＊山登りでとても急なところは注意するけど、なだらかな道は以外と注意せずにけがをするときがあった。

ーと、まあ、古文・漢文も身近なことにひきつけて「思」い、実感できるととてもおもしろいはずなのです。学ぶって、本来そうあるべきです。何も考えず、自分の感情や実感と切りはなして、ただただ情報をインプットしようとしてもムリだし、第一おもしろくないでしょ。高校生活の大半は「学ぶ」時間なのだから、それをおもしろくやっていかなくては人生の損ですよ。♡ですよ。知るより好む、好むより楽しむ、だからね。

とは言え、目前の期末テストが大問題でしょうから、実利的な教えを説くならーこれよ、これ。

どこがわかってて、どこがわかってないのか、まずはっきりさせなさいよ。なんとなく全部わから～んと思考停止しては一歩も進まないよ。試験勉強を効率的にできる人は、自分がわかっていない所、弱い所がどこかわかっていて、それをクリアしていく手順が見えているのです。地道におやりなさい。では。

これでもこく
ごかつうしん

# もしもし あたし RICAちゃん

00年2月9日　13巻7号

九九年一〇月、永年参加し続けている福島は川俣市のフォルクローレフェスティバルで、本場コスキンに出場する代表選考が行われた。一曲余計に演奏できるし、著名な先生に講評がもらえる機会だし、とエントリーした私たちは、何と、代表に選ばれてしまったのだった。

## コスキン報告　その一

コスキンとはどこか――成田からまず、ロスアンへレス（LosAngelesのスペイン語読み）へ飛んで一休み。続けてサンパウロへ飛んで乗り換え。そこからブエノス・アイレスへ飛びようやくアルゼンチンへ入国。この国際空港から国内線の空港までぶっとばしのタクシーで四〇分ほど。今度はコルドバというアルゼンチン第二の都市まで一時間ほどのフライト。そして、そこから山道を一時間以上ゆられてコスキン市に着いたのは成田を発って、まるまる三六時間後の一月二二日夕方のことだった。

## 肝腎のステージの件

二二日から三〇日まで九日間に渡るフェスティバル。我々の演奏は二日目、二三日（日）の夜一一時五八分からと聞いていた。（このフェスティバル、毎夜一〇時に盛大な打ち上げ花火と共に始まる）

二三日、コスキン入りした翌日、本部事務局に挨拶その他手続きで顔を出すと、出番は一二時四四分となっていた。TV放映時間は午前一時まで。時間はどんどんずれ込んでいき、結局放映時間から押し出されることとなったのだが、だがだが……TV用に明日もう一度舞台にといわれ、一生に一度の大舞台を二度踏むこととなるとは全くもって予想外のことだった。かくしてこの二日間は、嵐のごとき夢の中を突っ走った感じである。

嵐の始まりは、ラジオにアカペラで生出演したこと、かな。本部事務局で諸々手続き等しているとき、短パンヘッドフォンの兄ちゃんにつかまった。そこで歌ってみろという。請われるままに一くさり歌うと、一旦出ていって、小型ラジオと大型携帯電話（こちらで目にした携帯電話は、日本の倍はあろうかという無骨な代物）を持って戻ってきた。そして、その携帯に向かって歌えという。おお！　そして、私たちの歌声が小型ラジオから流れてくる！　ラジオの生出演ってこういうもの？　ほどなく、「さっきラジオで歌った人？　聞いたよ。良かったよ」と町中で声をかけられ、メディアの力に驚くのだった。

さて、私以外のメンバーは私より五日先発し、ペルーに寄ってそこで一日二ステージというようなハードなスケジュールをこなしていた。結果、腹に来た者、声が出なくなっている者……ほぼ、病人である。加えて、私は長旅直後の時差ぼけ。久しぶりに五人そろって練習してみると……。ともかく一回寝て、化粧して、衣装の法被を羽織ったら少しはピッとしたのだが、それまではひどいものだった。

が、いよいよ会場へ。出演者用裏口から入り雑踏にもまれているうちにどんよりなどしていられなくなった。ダンサーたちの美しさに見とれ、かっこいいお兄さん捕まえて写真を撮らせてもらったあたりまでは、まだ静かだった。が、じき、私はラジオTVのインタビューの嵐にもまれることになったのだ。メンバー中スペイン語が最もマシという理由で、一人で受けて立たねばならない。現場から中継するスペイン語は当然ながらすごい早口。でも、何か言わなきゃならない。半分以上勘だ。……あまり、思い出したくない。

奥行きのあるステージは幕が二重になっていて、前方、後方、そして脇の方の三ヵ所をローテーションで使っていく。スタッフの手際の良さはさすがである。

我々は舞台後方で出番を待った。風に揺れる（野外ステージなので）幕の前では、前のグループが演奏している。しかし、どんな曲だったろう。思い出せない。口が渇く。必死に梅干しのことを考えたのだけれど、ダメ。司会の紹介が終わり、ゆっくりと左右に開いていく幕。私の太鼓（ボンボ）、打ち出しのタイミングを決めていなかった。セカンドボーカルのマイクが途中まで入ってなかった。——でも合格よっ！だって、途中で歌詞が消えたり、止まっちゃったりしなかったもの!!　（続く）

これでもこく
ごかつうしん

# もしもしあきたしRICAちゃん

00年2月20日　13巻8号

## コスキン報告・その二

ともかく、「終わったー!!」とほっとして舞台裏へ引き上げようとしているところで、「明日、TVの為にもう一回やるか?」といきなり。これはまがりなりにも、「日本代表」の肩書きが為させた特別扱いなのだ。かくして、翌二四日も嵐の中の夢心地とあいなるのであった。

## 二四日はいきなりTV生出演

ともかく、二回目の本番のために、英気を養うはずの二四日日中であった。

ところが! 休むどころか、コルドバのTV局まで出演に来てくれ、なんて事になっていたのだ。前号をご覧いただきたい。コルドバとは飛行機を降り立った地で、そこから我々は凸凹がらがらくねくね細道山道を一時間以上ゆられて、ようやくコスキンにたどり着いたのだ。あの道を、腹下し組も含む我々に往復せよとおっしゃるか。加えてその日、私の母は熱を出していた。(あ、書いてなかったっけ、四歳二ヵ月の娘と、その子守役としての母と女三代の旅だったの)娘を連れて行くとなると、出演中の子守も必要となる。残る人材は、同行していたメンバーの息子(高一)だが、彼も体調思わしくない上、車に酔いやすいと来ている。が、我々のとまどいをよそに、TV局がよこした、席の足りないバンにのせられ、私と娘とお世話役の地元日系人Mさんは荷台に揺られることとなったのであった。

しかし、助かった。コスキン、コルドバ間にはちゃんと快適な道もあったのだ。そうか、到着日は、フェスティバル初日のしかもオープニングパレードに重なる時間だったので、渋滞を避けての山道だったのだ。一同ほっ。二時半頃局に到着。メイクさんに化粧してもらい、出演は二時五〇分。通常七本必要なマイクが三本しかない中、一曲のみ演奏してあっという間に終わる。お昼のワイドショーみたいな番組だったみたいね。

それで折り返し車に揺られるのも疲れるので、一息つくことになり、私は思わぬ幸せなひとときを過ごすこととなった。局の建物の裏に広がる広〜い庭。その一隅の小さな喫茶小屋（?）。四歳の娘は当然お庭の方がいい。晴れ渡った夏空（一月、アルゼンチンは夏真っ盛り!）の下の涼しく乾いた風。熟しすぎた実を落としている洋梨の木。ぽつんぽつんと咲いているタンポポ。気のいい二匹の野良犬を追ってはなでたり、花を摘んだりの娘。静かでとても満たされた時間だった。

一時間近くの〜んびり過ごして、コスキンの宿に戻ったのが五時頃。六時頃、コスキン市長を表敬訪問。

そして、夜一一時。再びあの舞台へ上るべく宿を出る。

## 今度こそ、これが最後

さすがに今日はインタビューはない。ステージの裏で待っていると、ボンボがびりびりふるえるほどの大音響である。いよいよセッティング。今日は舞台前方だ。マイクの前に立って、ぐーっと緊張が高まる。メンバーは、と見ると、みな落ち着いた表情をしている。幕が開く。ゆっくりと左右に分かれていく。前日より客席が近いということもあるが、明らかにお客の数は増えている。（期間中、後になるほど集客力のある大物を配していて、日ごと盛り上がっていくコスキンであった）

その客席がね、「待ってましたっ!」という感じで迎えてくれたの。私たちのことわかってて迎えてくれた、という、そういう「気」がうわーっと伝わってくるのよ。一緒に歌ってくれている人もいる。手拍子も打ってくれている――そんな中で思いっきり演奏することの快感と幸せを実感しながら、たたき、歌った。

ほんの三分程度の舞台が終わる。すると「オトロ!」（別の、という意味。つまり、アンコール）の声と拍手の波。嬉しくて、嬉しくて、幕が閉まりきるまで手を振り続けた私たち。ようやく、きびすを返し舞台を去るとき、「うれしいっ!」が体の中からこみ上げてきて、それは涙となって、私は、うれしいよぉ、うれしいよぉと泣いちまった。TV局のメイクさんに塗ってもらっていたマスカラは流れ、――うれしさの涙目元をたれパンダ――ってな具合でありんした。

これでもこく
ごかつうしん

# もしもしあたしRICAちゃん

00年2月28日　13巻9号

　この前、要町へ向かう帰り道で「始まってもいないのに、テストが終わってからのことばっかり考えてる。私、バカみたい」といったようなことを友だちと話しながら歩いている子がいました。すごく、よくわかる。私なんか、去年の今頃、書き上げてもいない応募原稿の受賞の挨拶なんか考えとったもんなぁ…。

## まだ書くかコスキン報告　その三

　晴れて自由の身になった二五日。為すべきは家族サービス。というか、四歳児を遊ばせること。メリーゴーラウンドがあるという広場を目指すも、暑い日中はたいていの店が閉まっているのと同様に、それも無人で止まっていた。しっかりその気になっている娘を納得させるために入ったのは、ゲームセンター。しかも、同行してた高一男子も付き合わせて…。何も、地球の裏側まで行ってゲーセンもないだろ、と思われるだろうが、それはそれでおもしろい気もするのだ。私は。

　ともかく、そこで一回約五五円の幌馬車だの自動車だのに乗せ、お兄ちゃん（その高一のね）にシューティングゲームをやってもらったりしつつ、隅のベンチで梅干しのおにぎりを食べていたら、七、八歳かと思われる女の子三人にサインを求められた。ここでなぜ、梅干しおにぎりなのか、語ればそれで今回の紙面の大半を使ってしまうので、その点は省略。言いたいのは、そういう間抜けなシチュエーションでサインを求められたということ。その帰り、暑さでコンニャク状態の軟弱娘をおんぶして道路を渡りそびれて、おおっと、とかやってる時に、今度は学生風青年三人にサインを求められた。後日、コルドバの町中でも「テレビで見た顔が歩いてるんでびっくりした」と声をかけられ、帰りの空港ロビーでも、「見たわ」と声をかけられた。

　これは、視聴率の高さと共に、声掛け率の高さを物語っているのではなかろうか。だってね、友人と二人で、あつあつのお粥入り鍋を運んでたとき（なぜ、おかゆか、なぜ、鍋持って町中を歩いていたか…語る余裕がない）「あついの？」とかって声かけてくれるんだよね、町ゆく人が。なんか、いいでしょ。こういうのって。

## さて、観客としてステージを見れば

会場は野外。キャパ八〇〇〇。しかし、金網で仕切られただけの会場広場の周囲には、券を買ってまで入場しない（できない？）人だかりができるから、本当にビッグな出演者がある日は倍ほどの人出はあったのだろうと思う。その会場内は、寝入っている赤ん坊から、杖をついたおじいさんおばあさんまで、どの年齢層に集中ということなく集まっていた。もちろんそれぞれのお目当てにファン層というのがないわけではないが、座っていて、世代間の垣根のようなものを全く感じなかった。

そして、年輩の人たちも実に無邪気に楽しみ参加している。ある夜、私たちの前に座っていた六〇前後と見られるご夫婦。硬い会社で役付きという風情のご主人はテレビカメラが会場に向けられるたびに、律儀に立ち上がってはお手製横断幕を広げ掲げるのだ。ピンと背筋を伸ばして聴いていて、カメラが向いたらさっと立ち、の繰り返し。最後は二人でポットからお茶をついで本腰入れて楽しんでいる。それが午前二時半過ぎ。

目下売れ筋らしい一七歳の男の子のときも楽しかった。ギター、歌共にうまい。ステージ上の動きもすてき。その熱烈なファンらしい女の子が、もう、彼の一挙手一投足に身をよじり投げキスの嵐・・・。

一四歳でデビューしてその圧倒的歌唱力で一昨年あたりからブームらしい御年一九歳の女の子のステージも生で見たんだけど、前半立ち上がった人垣で何も見えなかった。そこへ、後方からわき起こった「座れ！」コールも楽しかった。その宇多田ヒカル的売れっ子が、実は同じホテルだったりして、まあ、そんなこんなも語れば多々あるのだが、時間切れってことですな。

一言でまとめれば、人生楽しむのが上手ってえのは、本当に素敵なことよ。生涯「楽しい」に対して素直。それが自然。いいよ、とても。あなた達だってさ、好きなことに胸ときめかすのは二〇になったら卒業とか、結婚したら終わりとか、そういう展望（って言わないか・・・）じゃ、つまらないでしょ。ね。

これでもこくごかつうしん

# もしもしあたしRICAちゃん

00年4月25日　14巻1号

## 初めまして。あるいは、お久しぶり。

熱烈なる期待に応えまして、今年も書きます、お勝手通信！何しろ、本年度授業で付き合うこととなった生徒の三・三％に当たる○人から、この通信を読みたいとの声が寄せられたのだ。この数字を日本の人口一億二千万人に換算してみよ！　実に四百万人からの熱き期待の声ぞ！　さらに現在の地球人口で換算してみんさい！　実に実に約二億人からの熱い熱いラブコールぞ!!（まさか、真に受ける人もいないだろうが……計算的にはあっていても、意味あるか？　この換算。数字のアブナサを理解していただけたら幸いである）

まあ、こういった調子で授業に関係あることないこと、気が向いたときに好きなように書いて配るからよろしく。もっと詳しく知りたい人は『もしもしあたしRICAちゃん』（梨の木舎）という、そのまんまの本があるから読んでください。

## Eメールのどこがおもしろいのさっ?!

――って書くと、「Eメールなんか、おもしろくもないじゃないか」と、私が批判的みたいでしょ。そうじゃないんだな。それ以前。面白いのか面白くないのか、やったことないからわからんのだ。

だが！　だがだがだあが、先日のアンケート中で「最近面白いと思ったこと」を問うたらば、何人もの人がEメールが面白い、はまっていると書きながら、あたしにゃ、何がどう面白いのかまるっきり伝わってこんかったぞ。

「最近、何、おもしろい？」

「メール」

「ふ〜ん……」

どこがどうおもしろいのか、なんでおもしろいのか語らんで、他人に「おお、それはおもしろそうだ！」と思わせせられるわけがなかろうも。

読む・聞く・書く・話す――この言葉の働きの根っこに必要なのは、他人のことを知りたい、自分のこと知らせたいという一種の情熱です。情熱ったって、別に熱く語れということじゃない。例えば、自分が何かを面白いと思っていて、それを他者に伝えたいなら、「○○がおもしろい」だけじゃだめでしょということ。文章が書けるようになりたいと書いていた人も多かったけれど、自分の中の伝えたい思いｅｔｃをどうやって伝えようかと言葉を探し、選び、語ること、そこから文を書くことも始まると思いますよ。

　ま、しかし、初対面の教師なんかに、伝えたい情熱なんて湧くかいな、あほかいな、という人もいるでしょう。そらそやな。

　そんな中、こういうのもあったので、笑えた。

> ロシア人の血が混じった一七歳・高校三年生でモデルっていう女の人からメールが来た。
> 　これはなんかうさんくさい。

　おお、Ｅメール、聞きしにまさる怪しさよ！　しかし、笑っていられる内は良いとして。正直言って、なぁんか、気味悪くて抵抗があるんだよね。

　しかし、Ｅメール早く始めろとせっついてる友人もいて、必要も感じてはいる西山である。アルゼンチン人の友人が、EメールＥメールとうるさい。南米＝ローテクのイメージ持っている人には意外だと思うよ。

　確かに、南米の友人とのコミュニケーションツールとしては、それはとても正しいのだ。だってアルゼンチンに手紙が届くのに一週間から一〇日は要するのだよ。かといって、電話は難しすぎる。パソコンはある。重い腰を上げさせる情報待ってます。

## 四歳児の頭脳についていけるか？

### 我が家の四歳児曰く――

「さて問題です。炭はどうしてかたいのでしょう。１番、もくもくしたけむり。２番、もくもくしてさらさらしている。３番、もくもくしてかたいすみ。さあ、何番でしょう」私「３番！」娘「ぴんぽーん、せーかいです」

「つぎは、しかの問題です。しかはどうしてはねるのがじょうずか。１番、足が長いから。２番、馬みたいに足の下が黒いから。３番、足がかたいから」

（おや、今度はちゃんと問と答えになっているじゃない）

「さて、問題はどれでしょう！」おいおい……。

これでもこく
ごかつうしん

# もしもしあたしRICAちゃん

00年6月21日　14巻2号
00年9月12日　14巻4号

## Eメール・インターネットのその後

あれから二ヵ月。世界は動いた。

四月二九日。ちまたじゃゴールデンウィークだと華やぎ始めている土曜日、私は月例の研究会に出席していた。その場が、何と、メールアドレス交換会になっている（ように見えた）。それも五〇代の女性二人がやれホームページだどうのとやっている。

「あら、簡単よ！ビデオの予約ができない私にも作れちゃうんだもの（ホームページ）」

「まあ、私は予約できるわよ。バーコードをぴっぴってやるだけだけど」

何という会話だ……。ここまで来たかって感じ。

そして、五月三日。泊まりがけで遊びに来た友人家族、パソコンのパの字も話題になるとは思えない夫妻であったのだが——始めたというのだインターネット。

外堀は埋まったというか、背水の陣というか、四面楚歌というか、ついにお尻に火のついた夫君が頑張って、自力でセットアップしたのであった。

## アルゼンチンとつながる

で、早速、私も送ってみた。ブエノスアイレスの友人宛にね。ウン。速い。すごい。

でもね、私が自分の机で書いた一枚のポストカードが、地球の真裏のアルゼンチンのあの家のあのポストに届くということの感動に変わりはない。アマゾンの奥地ともインターネットで瞬時につながるということも確かにすごいけど、ぺらぺらの封筒やハガキがちゃんと届くってことが、やっぱりしみじみすごいと思われるよ。

（以上一四巻二号）

## ところで TVショッピングって知ってる？

あれは、すごいね。

　何がすごいって、本来自然発生的なものであるはずの感嘆の声を、歌舞伎も真っ青なくらい様式化して、しかも、その下準備見え見えの不自然な自然演技ゲームにスタジオ全体が参加しているという異様さ。しかし、たまに、ほころびることもあるらしい。

　それは女性用ペンダントの回だった。司会曰く。「しかも、今回ご用意いたしました商品、チェーンの長さが四〇センチ！」

　と、ここで一斉に上がるはずのどよめきの足並みが乱れたのだ。もう、話の中身なんか関係なく、「おー」の間ばかり気にしているらしい何人かの「おー」と、さすがに四〇センチの何が感動的か、一瞬の理性で躊躇したらしい何人かの「お、おー？」が混じり合い、鉄壁のTVショッピング空間に一瞬亀裂が走った。これは、笑えた。四〇センチのチェーンがいかに女性を美しく見せるのかしらんが、お焦げがカパッと取れる鍋や、キュウリが張り付かない包丁のようなインパクトはないよな。四〇センチで「おお！」奥さん、それは、やりすぎです。

　で、なぜ、ここにこんなこと長々と書いているかというと、一つにはいかにダラダラ過ごした夏休みだったかという証拠。そしてもう一つは、こんな授業を思いついたから。

「今日皆さんのためにご用意いたしましたのは、これ、動詞の活用の種類！」（おー）

「話す・思ふ・来・す、などなど、動詞の数は五万とあれど、活用の種類はたったの九つ！　この九つで全てOK！」（おー、おー‼）

「さあ、今日は特別に、形容詞の活用もおつけしちゃいます」（おー）

「形容詞の活用の種類って、二種類しかないんですね」

「そーなんです。それに、ご覧ください。シク活用というのは、ク活用の活用語尾にシを付けるだけ！」

「あ、ほんとうだ！　ということは、ク活用だけ覚えてしまえば大丈夫、ということですね」

「そう！　まさに、ク活用を覚えれば、シク活用もついて来るという、超お得な活用です！」

「これはもう、覚えるしかありませんね！」

――誰か一緒にやりませんか。

（以上一四巻四号）

これでもこく
ごかつうしん

# もしもし あたし RICA ちゃん

00年10月24日　14巻5号

皆さんには言ってませんでしたが、——九月に自習にしたでしょ。あのとき、実は私、コロンビアに行ってました。そりゃどこだって？

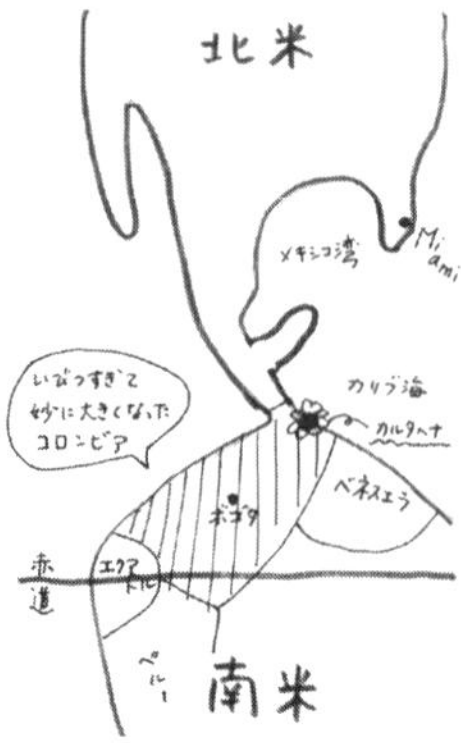


## なぜ、また、そんなところに？？

IBBY（International Board on Books for Young people）という子どもの本に関する組織の第二七回世界大会が、コロンビアのカルタヘナという町で開かれまして、それに参加して来たのです。

折に触れて申しておりましたように、私の趣味は南米。仕事は国語の教師の他に「児童文学評論家」。今回期せずして趣味と実益が一致した（？）次第。こういう機会もなかなかあるまいと、日本支部会員でもないのに単身参加を決意したのでした。世界四二ヵ国からの参加者総数八〇〇名。想像していたより、ずっと大規模でイベント盛りだくさんですごかった。

## 英語と西語のシャワーの中で

一八日（月）の夕方開会し、二二日（金）閉会するまで、否、日本を発った一五日から成田に着いた二五日まで、英語とスペイン語にどっぷり漬かってきました。大会は同時通訳イヤフォンで英語かスペイン語かポルトガル語（ブラジルの公用語だから）を介して進められていきます。日本人の出席者は総勢一一名。当然ながら日本語通訳なんてありません。で、私以外のみなさんは英語がおできになるのですね。私はといえば、スペイン語の方がマシ。それも、旅行に必要な程度（トイレはどこだとか、もっと安くしろとか、カメラを盗まれたとか……）講演を理解するなんて、無理だ。それははなからわかっているので、今更焦りも驚きもしませんでしたよ、全然分かんなくてもさ。

講演の内容が分かんなくても、わかることもある。それに会場には南米中からたくさんの出版社が出店しているし、イラスト展もあったし、収穫はちゃんとありましたよ（唯一日本語で行われた安野光雅氏の講演というのもあったし）。

　わからなくて当然と開き直ってはいましたが、辞書引いて予習したりいちおう努力もしました。そして、英語を浴びるように聞くだけである日突然英語が口をついて出てくる――といった英語教材の宣伝があるじゃない？　あれに期待もしたのよ、実は。講演や分科会のみならず、立ち話も何も全てスペイン語スペイン語のシャワー。何日目かに突然、神の啓示の如くさあっとわかる瞬間が来るのではないかしら、と。結果――そんな輝ける瞬間は来なかったね。あの広告が誇大だったか、浴びる量がまだ足りないのか・・・。その両方かなとは思っています。

## 収穫の一つはGRUPO 3 R（グルーポ・トレス・エレ）

　日本人は先にも書きましたように、私一人ではありませんでした。しかし、日本人同士ということで行動を共にしたのは初日の夜だけでした。二日目からはずっと同じホテルのアメリカ人女性と、コロンビア人女性の三人でいました。

　始まりは二日目の朝、その日の午後の分科会の登録に並んだロビーでした。朝食時見かけた女性と前後になり、どこから来たの、名前は？　となり、首から提げた参加証を掲げつつ私はRICAと名乗ると、まぁ！「私はRITAよ！」。偶然、登録した分科会も一緒で何となく一緒にいることになりました。そのうち、やはり同じホテルに泊まっていた女性とも立ち話が始まり、なんと彼女は「ROSA」。「私たちR三人組！」ってな感じでいろいろ話す内にすっかり親しくなったのでした。

　RITAもROSAも、それぞれ米国やコロンビアの支部会員でもなく単独参加。IBBY世界大会の参加自体初めて。しかも、二人とも学校の先生（三人とも、自習にして来ているから戻ったらプリント付けるの大変、と言い合った）つまり、我々三人、Rの縁で話し始めたけど、境遇が同じだったのです。それに、私にとっては、五つ星ホテルの日本人より、一泊朝食付き二三ドルの三つ星ホテル同士の方がなじみやすかったし。

　それぞれに緊張しながら出席していたのが、ひょんな事から知り合い、共に食事し笑い合い、なんだかすっごくしあわせに楽しかった。友だちができるときってこういう風だったっけと、遠くなった子ども時代のドキドキを味わった気がします。

これでもこくごかつうしん

# もしもしあたしRICAちゃん

00年12月5日　14巻6号

さて、生徒諸君からは誰からも、次が読みたいとの声が寄せられなかったコロンビア報告の続きである。

## 私はナマケモノを抱いた！

すごいだろ。まいったか。怠け者の人間を抱いたんとちゃうで。動物のナマケモノだぞ。

月曜からは大会が始まるので、カルタヘナ到着翌日の日曜日、半日市内ツアーに参加した。その最初の下車スポット（撮影スポット）でのことだ。バスから降りて、停車時間が不明だったたし、他にも同様のツアーバス（窓、ドア無し。カラフル彩色のCHIVAというカリビアンなバス）が何台も止まっているし、置き去りはゴメンだからあまり離れず気を付けておこうと思っていた。ところが、なにあれ、なにあれ!! 観光スポットのモニュメント「古い靴」像のところで、ナマケモノを抱いて写真撮ってるおじさんがいるではないか。その瞬間、私の用心はふっとんだ。「次あたし、次あたし！」と鼻面指さし近づいて、所有者のおじさんに、おいくらか問う。おとなしげなおじさんが小さな声で答えた「一〇」は、一万ペソのことで、US五ドル。いいわよいいわよ払うわよ、と心はもうナマケモノに飛んじゃってる私は言われるままに（あるいは、聞き違えたまま？）お金を出し、ナマケモノは私の腕に！

軽い。妙に、軽い。おまえさん中身はウレタンか？ってな感じでぽわっと軽い。見た目で予想していた私の腕が、裏切られて拍子抜けの軽さ。そして、うごめく筋肉の感じがまるでない。しがみつくでもなく、緊張するでもなく、猫だって犬だってウサギだって、抱けば腕に動きを感じるじゃないか。それがない。むにゅっと柔らかいわけでもない。毛は少し硬め。無臭。無味――ってなめてはみんかったが……。なんかこう異様に生体反応が薄いというか、安物のぬいぐるみというか。それが、一応首をめぐらしたりする。とにかく初めての感触だったわね。

後でいろんな人にしゃべりまくって、爪は危なくないのかと言われ、そういやナマケモノは立派なかぎ爪を持っていたのだと思い出した。科学的興味に欠けていた私は、彼女の（子どものメスだったみたい）の爪に関する記憶がない。耳がどこだったかもわからん。いやん、もうなにこれ、ナマケモノよ、ナマケモノ！と一人興奮していただけである。

## コロンビアの困難

そのツアーで何カ所か回る中、長い竹竿の先にペットボトルの下半分のカップを付けたものが差し出される場面に行きあった。それは、入場券を買って、観光施設に入った私たち観光客にむけて、外から差し出された物乞いのカップだった。それを掲げているのは貧しい子どもたち。カップに小銭を入れてくれと言うわけである。

南米の他の国同様、コロンビアも貧富の差が激しい。海岸を歩けば、あっという間にカモにされ、髪にはビーズを編み込まれ、アクセサリーは売りつけられ、勝手にマッサージまでされた（「だめよ、こんななまっちろい肌じゃ。これぬれば、私たちみたいになるわよ。アロエ入りで肌にもいいの」って、黒人のお姉さんには、負けた）。あっけらかんと陽気で怖くはなかったのだが、あのパワーは裏返せば所得格差を物語る。

コロンビアの首都ボゴタで高校の先生をするROSAの話を聞いていると、日本では考えられない怖さが日常にあった。コロンビアでは、政府軍と反政府軍、そして、麻薬組織が三つ巴で内線に近い状態なのだ。だから、生徒たちとバス旅行など出かけると、政府軍、反政府軍、麻薬組織の関門がそれぞれにあり、バスを止められたりする。子どもたちが彼らに連れ去られないように、緊張する、とそういうことを言っていた。

カルタヘナは世界遺産に指定されている美しい町だ。人々は陽気で気さくで親切だった。気軽に旅行できる国になれば良いのに、と心から思うのだった。

カルタヘナ

これでもこく
ごかつうしん

# もしもしあたしRICAちゃん

01年1月23日　14巻7号

## 寒中お見舞い申し上げます

大寒（だいかん）にしっかり冷え込んで、雪まで降りましたね。ま、大寒だから雪が降ったというより、センター試験だから降ったって気がしてしまいますが・・・・。

ところで、「大寒」というのは、中国伝来の陰暦の季節区分の一つだそうです。太陽の黄道上の位置によって一年を各一五日の二四に区分したんだって。二四気とか節気というのだそうだ。それによると、次は立春。

## ブエナ☆ビスタ☆クバーナ vol.1

**はい、年末年始はキューバへ行っとりました。**

### 皆さんにとってのキューバとは

先日のアンケートを集計してみますと、もう断然、野球、バレーのキューバなんだね。

### 私がキューバに行った理由

まず基本的に私はラテンアメリカ諸国に並々ならぬ関心があるということ。それが、第一。昨年九月のコロンビア体験で、カリブ文化の魅力を知ってしまったということもあるが、キューバ行きを決めたのはそれより前。アンケートでも二人の回答があった映画「ブエナ・ビスタ・ソシアル・クラブ」の影響で、日本人観光客も激しく増えているが、映画は、出発直前にやっと観た。

（余談だけど、この映画いいよ。キューバの老演奏家たちを集めてレコーディング、最後はカーネギーホールでのコンサートまで成功させるドキュメンタリー）

今のキューバのあり様に共感と尊敬を感じていて、いろいろ読むほどに恋心が育ったから、というのが理由の中心かな。五九年に革命を成功させて、七人から回答があった「キューバ危機」のように二大国米ソの間で苦労しつつも、自主独立の路線を守り、ソ連崩壊以降、石油を始めとする物不足、経済危機に陥り、しかも、目と鼻の先の社会主義国を打倒すべくあの手この手を尽くす大国アメリカ合衆国のイジメに屈することなく、革命の中心指導者カストロが健在のキューバ。ド派手な衣装でラテンのリズムを踊りまくるキャバレーが国営のキューバ。学費・医療費が只で、チェルノブイリの子どもたちの治療にもあたっている医療先進国のキューバ。

そのキューバが、近年観光立国をめざし、観光でドルを手に入れようとしている。元来カリブのリゾート地。エメラルドグリーンの海に（なんで、二日前まで台風が二つも来てたっていうのに、あんなにきれいなんだ?）白い砂浜。人々は明るく人なつっこく親切（と言われている通りであった）。そして、ラテン諸国では考えられないほど治安がいい（ボリビアやペルーでは、警官や空港職員にたかられる危険もあった）。

正月の旅行は、高い。ホテルも実に、高い。しかし、だ。私が落としたお金が、苦しいキューバを助けるなら、いいじゃない！そのお金が、国民に等しく還元されるなら、いいじゃない！——ってな気分である。

とはいえ、別にほら、必要があって行くわけではないから「いつか、カストロが生きている内に行きたいなぁ」だったのよ。ところが、「じゃ、行きましょ。今年行きましょ」と言うお人が現れ、弾みで実現したのでした。

かくして、五歳児一人を含む七人の日本人は二〇〇一年の夜明けをキューバで迎えることになったのさ。

## キューバは遠かった

二〇〇〇年一二月二五日成田。フライトの二時間少し前にチェックインカウンターを訪れた我々が見たものは——機材到着遅れのため、一三時間五〇分遅れます——

な、なんだってぇ?!　いきなり四時間近くも遅れるだとー！（実際は四時間以上）乗り継ぎの予定がズタズタだ！　どうなる、私たち！?

（続く）

## これでもこく　ごかつうしん

# もしもし あきだし RICA ちゃん

01年1月31日　14巻8号

### 新大久保の事故がいたましい。

　とっさに飛び降りたというのが、本当にすごいと思う。でも、死ぬことになってしまうなんて・・・。酔ってて落ちた人の遺族も辛かろうなぁ。「酔っ払いのために二人は犠牲になった」って、そう感じてしまいがちじゃない？　私も、そう思ってしまうもんなぁ、つい。

　でもさ、別に酔ってなくてもあり得る事故だよね。例えばふらっとめまいがしたら？　電車とホームのすき間が大きい駅など、目の悪い人はいつも怖い思いをしているみたいだし・・・。緊急停止ボタンは、いたずらを避けるために目立たないようにしてあるそうだし・・・。痛ましすぎる。

### ブエナ☆ビスタ☆クバーナ　vol 2

## キューバは遠かった　続き

　何ヵ月も前から計画を立ててきたのに、ハバナに行き着かないかも知れない。元凶コンチネンタル航空、どうしてくれるのだ！

　コンチの対応。①一人一五〇〇円の昼食券②とにかく、カンクンまでのチケット　以上。

　ちょっとまったぁ。夜中にカンクンについて、もうハバナ行きはないのよ。カンクンにホテルなんか取ってないのよ。しかも年末。翌二六日にカンクンからハバナに飛ぶメキシコ航空の便は満席だというのよ。まだ空席のあるキューバ航空に変更すると一人二万円増額になるのよ。どうしてくれるのさ！　五歳児連れの我々に、空港で夜を明かせと言うのか！　クリスマスの夜に！

　驚いたことに、コンチさん、すっごい強硬でね。ホテルの用意すらしないというのだ。で、怒りの交渉二時間以上。ホテルと送迎を確保したのが、成田について約四時間半後のことだった。

　疲れた。すっごく消耗した。

　親がエキサイトして闘っている最中、うちの五歳児は昼食代わりの菓子を次々と開け、最近覚え始めたひらがな読解力を駆使し、足下で絵本を読んでいる。

あんぱんぱくぱくぱんだのぱんや
うしろでうろうろうるさいうし

穏やかすぎる……。

（メキシコシティでは走り、荷物が同便に乗っていなかったり、とにかくさんざん苦労して予定の一日遅れでなんとかハバナには行き着いたのだった）

## 今回の教訓

一　不当な扱いを受けたら怒らなくてはダメ

一　自分の権利、利益を守るためにはエネルギーが必要。めんどくさがって、あきらめてたらダメ。

　実はね、カンクンのホテルを用意させただけでまあ、上出来だろうと思っていたの。しかし、ある方に、この件を愚痴っていたら、「そんなの信じらんない！　許しちゃいけない！」と息巻き語ってくださった。彼女の戦歴がすさまじい。ダンスの先生で、国際線利用回数が桁違いだからトラブルも多いのだろうけれど、まあ、連戦連勝って感じ。極めつけは、マレーシアかどこかのリゾートホテルに二週間くらい滞在して、宿泊費を払わずにすんだという件だろう。

　そういう話をいくつも聞かされて、私も目覚めたの。何となく仕方ないかあって引っ込んで、後で愚痴をこぼしても何にもならない。ここは、コンチネンタルの方針を正式にはっきりさせて、空の旅をするたくさんの利用者の共通の利益にしなくては。かくして、A4四枚にわたる状況説明と、回答要求を書いて送り、今、回答を待っているところ（この号を配った日、帰宅するとコンチネンタル航空から丁寧な回答と、コンチ利用割引クーポンが送られてきていた）。

　こういう積み重ねで、消費者は利益を守って、企業を育てていかなきゃあかんわ、と燃えましたね。

これでもこく
ごかつうしん

# もしもしあなたRICAちゃん

01年3月10日　14巻10号

## 二〇世紀最後の月に出会った感動がまだ身体の奥でくすぶり続けているということ

**女性国際戦犯法廷二〇〇〇年一二・八〜一二・一二**

そのほぼ全日程を傍聴して、何がそんなに感動的だったのか、聞いてほしい。

それは、アジア・太平洋戦争（一九四五年八月一五日に日本が敗戦した、ほぼ全世界を敵に回してたあの戦争ね）下の、日本軍による性暴力（「従軍慰安婦」とかレイプとか）を裁くために開かれた国際法廷です。

検察団が、昭和天皇始め、日本軍・政府の高官を、レイプその他「是認し（やってもいいよ）、黙認し（わしゃ見とらんから‥‥）、防止しなかった責任（やめさせようと思えば、やめさせられる地位にいたのに、ほっといたこと）について、人道に対する罪で起訴」し、勝訴しました。

その検察側証人として、中国や韓国や台湾やフィリピンやオランダや東チモールetcの被害女性たち（サバイバー）が証言したのです。

だから、証言の内容自体はすさまじかったよ。

例えば、南京での被害者なんて、そのとき七歳。抵抗した父親は目の前で首を切られたという。元日本軍兵士のおじいさんは言った。「慰安所は金がいるけれど、強姦はタダです」（慰安所は強姦対策だったという説への反対証拠として）などなど。証言の内容だけを見れば、人間そこまで残酷になれるか‥‥って感じです。

しかし、法廷は美しかった。

人間の美しさに満ちていた。

私がそう感じられたのは、証言に立った女性たちが、自分の口で過去の傷を日の下にさらし、その場全体から拍手を受けながら再生の一歩を歩いているのだとわかったからだと思います。

自分がレイプされた体験を人に話すことが、どんなに勇気のいることか。サバイバーたちは、六〇年くらい前の被害を今、語っているの。つまり、人に言えない何十年もの人生を歩いてきたの。たくさんの証言の中に、「私は私を好きになれなかった」という言葉があったように記憶しています。汚れた自分という自己否定。

判事は毎回、「よく証言してくれました」と敬意と謝辞を述べていました。そして、会場を埋める傍聴人の拍手は、こういう意味で鳴り響いていたと思うのです。

よく話してくれました。あなたの勇気をたたえます。あなたは悪くない。あなたに責任はない。

あなたは汚れてなんかいない。

私も、あなたと一緒に正義を求めましょう。

みんななら、「私なら死んじゃう」と思うかも知れないような辛い体験を抱えて、でも、彼女たちは生きてきた。そして、傷つけられた自分を回復させようとしている。彼女たちの尊厳回復のために、世界中から力が寄せられている。今、まさに、目の前でそれが行われている。

人間ってすごいと思った。

こういう法廷を開けるという人間の歩みは、捨てたもんじゃないと思った。

正義・真実・公正・勇気——こんな言葉が白々しくも恥ずかしくもなく、すっきりと満ちていたのです。

法廷に関わったたくさんの人々が、互いに互いを励まし、勇気を与えあっていると感じました。スタッフに若い人がたくさんいたのも感動した一つでした。

世の中には、尊い仕事をこつこつやっている人がたくさんいます。いろんな場面場面で、私はこの人に賛成、こういうことが尊いと思うというのに対して、ちゃんと応援がしたいな、そういう人や仕事を励ませる仕事を私もしたいな、なんて思っています。

これでもこく
ごかつうしん

# もしもしあたしRICAちゃん

01年6月5日　15巻1号

**こんにちは。はじめましてと、久しぶり……。**
**なんじゃこりゃ顔の一年生諸君へ——**

これは、私西山利佳が城西で教えるようになってから毎年、ある年はわずか二、三枚ある年は十数枚、と本当に気の向くまま書いては、担当クラス＋α相手に配ってきた通信です。

今年はね、なんかね、このまま出さないで消えちゃうっていうのもありかなぁ……なんて、弱気というか、怠惰な気分で四月五月と過ぎてしまっていました。ところが、顔を合わせるたびに、それのみならず、わざわざ職員室にやって来て「まだですか」とプレッシャーをかけてくれる御仁が一人。そのバックには、背後霊の如く、卒業したその兄の顔もちらついている……。

うーん、やっぱ、書かなきゃ。書こう！　書くぞー。

「もしもしあたしRICAちゃん」はこうして一五年目にめでたく突入することに相成りました。

そして、私は、一昨日（四日現在）めでたく四〇の大台に乗りました。二度目の成人だぞ。

で、私は考えた（思いついた）。

この通信、名前、変えよう。

## もしもし　あたし　RICAさん・・

どーです！　おとなっぽくなったぢゃあありませんか！

実はね、この改題を思いついたのは少し前——。

梨木香歩の『りかさん』（偕成社九九年一二月）を読んだとき。これ、生きている日本人形「りかさん」が、様々な人形の思いを読みとるという和風ファンタジー。主人公の女の子ようこが「リカちゃん」人形をほしがっていたのに、祖母から届けられたのが大きな市松人形（黒髪のおかっぱ頭の和服の）それが、「私のことを、りかさん、と呼んでくださらない?」と申し出るのです。

この主人公ようこが大学生になってから、りかさんがしゃべらなくなってしまったその前後のほのかに不思議な小説『からくりからくさ』(新潮社)というのも、おもしろかったです。


と、まあ、話題は折々、好き勝手なものですが、おもしろいな、と思ってもらえたら、読みたいと言ってもらえたら、それをエネルギーにまた書くからよろしく。

## 児のそら寝のおもしろさ

①幼いくせして、いっちょ前に見栄なんか張っちゃってやせがまんするところ。かわいい。
②そんな幼いやせがまんを知っていながら、(わかっているからこそ)からかう僧たちもおちゃめ。
③ばれてるとも知らず、がまんを続ける児。はたから見てると、いじらしいというか……。
④ついにがまんも限界! 間の悪い「いらへ」ですこと!。

千年も前のことなのに、おとなと子どもの心の駆け引きには全く古さを感じませんよね。ほのぼのしてて、良いなぁと思いません? 食い気も、千年経とうが、変わることない欲求ですね。

これと似たような体験ありませんかと問いましたが、書いてくれたのは半分ほどでしたね。あまりにも厳密に一致するエピソードを探しすぎたかな。あるいは、教科書に載っているような話から、自分のあれこれを連想することに慣れていないのかな?


私は、「児のそら寝」を読むたびに思い出す。ちらっと言ったと思うけど、私、南米アンデスの音楽をやっているのね。何度か当地へ旅行もしています。そんな中、歌わないかとか、太鼓たたかないかと誘われながら、「あと一声呼ばれたらいらへん」とばかり、もう一回強く誘われたらやろうなんて考えている内に、相手が誘いを引っ込めちゃって……ということが何度もありました。恥ずかしがり屋の日本人を演じようとしてさ。

ま、たとえばこういうことでもいいのさ。それならって、思いついた人は、まだ間に合いますからね。

これでもこく
ごかつうしん

# もしもしあたしRICAちゃん

01年7月11日　15巻3号

## 夏の読書案内

ちらっと言ったと思いますが、私は「児童文学評論家」というのもやってます。読んだり書いたりするのが仕事です。主な守備範囲は現代日本の創作作品。特に、小学校高学年から皆さんくらいを対象とする作品は、相当読んでいます。そんな私が、こりゃあおもしろいですぜ、というのを自信を持って紹介します。

### 宮部みゆき『模倣犯 上・下』（小学館）

いきなり児童書じゃないけどね。今年四月に出てから、かなり話題になっているから、表紙ぐらいは見た人もいるのではないでしょうか。各巻七〇〇頁ほどのぶあつ〜い本です。

みんなが中間テストに苦しんでいた頃読んでいたのですが、通勤電車内で読むじゃない。するともう仕事なんか放り出して続きが読みたかったね。家へ帰ると、子どもなんか放り出して続きが読みたかった。実際はまじめに社会人やってたけどさ。

連続誘拐殺人事件、その犯人のねじくれた人格がほんとこわいんだけど、被害者の祖父始め、魅力的な人物も多いのよ。事件の発端の、遺体の一部を（！）発見してしまう高校生の男女がまたよくってねぇ……。

難しくて読めないということはないと思います。重いのと厚いのにビビらなければ、あなたも読書にのめり込む快感を知るでしょう。

### 伊藤遊『えんの松原』（福音館書店）

以前、授業中に紹介した、平安朝が舞台のファンタジー。わけあって女童（めのわらわ）の姿で、宮中に身を寄せる一三歳の男の子が主人公。ひょんなことから出会った東宮（皇太子のこと）と友だちになり、彼にとりつく怨霊の正体を暴き、対決するんだけど、面白いよ。登場人物がそれぞれにいいし、怨霊の正体も実に深い意味があるし、古典の勉強にも役立つぞ（おいおい、そこで引くなよキミ）。

## 小野不由美の十二国記シリーズ
### は知っとるか？

講談社X文庫ホワイトハートで出ている。長いし、漢字だらけだし、それだけでもうダメという人は、この世界のおもしろさを味わえない……。ふっふっふっ、気の毒に。全くの異世界（人は里木という木になる、人を喰う妖魔が現れる、半妖みたいなのもいる）だが、中国風の世界なので、漢字は多い。王がいないと国は荒れ、妖魔もあふれる。王になるには、苦難の旅の上ある場所に行かねばならない。その人物を王と認めるのは麒麟。しかし、王になるはずの人物が空間のゆがみから、この日本の高校生として生きていたりするんだな。わからんだろ。手短には説明できん壮大な世界だわぃ。気になる人は『月の影　影の海　上・下』からどうぞ。外伝的『図南の翼』もいいぞ。

## 森 絵都
### はご存じかな？

今や日本のYA界で堂々たる読まれっぷりだと思うけれど、一冊も読んだことがない人には、まず『カラフル』（理論社）をすすめよう。主人公は大きな罪（それが何かは内緒）を犯した魂。本来なら、その罪故に輪廻の輪からはずされることになるのだが、「抽選に当たって」人生再挑戦することになる。それは、自殺した中学生真の身体に「ホームステイ」して、真として生活する中で、犯した罪を認識すること。へんな天使が出てきて、コメディになってるけど、憧れていた女の子が援助交際していたり、現実のあれこれが反映してもいます。

『つきのふね』（講談社）は、ノストラダムスの予言は呪いで、自分の将来なんて「不明」だと思っている女子中学生が主人公。クスリ、万引き、連続放火事件、心を病んだ青年——と、かなりしんどい題材が詰まっていますが、最後、泣けます。

あと、この作者の初のスポーツもので現在進行中の『DIVE!!』（今のところ2まで）もおもしろいぞ。

スポーツものといえば、全くスポーツに疎い私にも、

野球大好き人間にも評価の高い、

## あさのあつこ『バッテリー』（教育画劇）

『同Ⅲ』まで出ています。これは、モロ児童書の形で作られていますが、皆さんが読んでも十分面白いと思う。中一にして身長一七〇センチを超える、天才ピッチャー原田巧。これがまあ、自分の才能にすごい自信を持っていて、野球以外のことには興味がないというめちゃくちゃとんがったハードボイルドな少年。例えば、生活指導主任で野球部顧問の教師に「髪を切ってこい」と言われると、「髪切ったら、俺の球が速くなるんですか」とにらみ返す。当然いい気になるな、と先輩の反感も買う。でも、本人、勝ちたいなら俺をはずせるわけがない、と考えている…。

温厚で巧とならどこまでも行けると考えている名捕手永倉豪。甲子園連続出場を果たした伝説の名監督でもある巧の祖父。身体は弱いが不思議な勘の良さのある人なつこい弟青波（せいは）。緊迫の投球シーンもいいよ。『バッテリーⅡ』だけでも、ま、読んでみ。

ところでバンドやってる人いる？

## 風野潮『ビート・キッズ』（講談社）

これもⅠ・Ⅱとあります。Ⅰは、天然ボケ主人公が中学のブラバンでパーカッションを始める話。Ⅱは高校生になってバンドを組み、ドラムをやる話。腹の底から、「楽しい」が弾んでくる勢いあり。

## 上橋菜穂子『闇の守り人』（偕成社）

異世界ファンタジー。めっぽう強い短槍使いの女用心棒バルサが、自らの人生を狂わせた故郷の王国の陰謀に決着をつける。作者はさすがに文化人類学者だけあって、その世界は地形、気候、歴史、文化、その中での衣食住まで周到に作り上げられ、ものの名前などもオリジナルに考えられているし、とても読み応えのあるファンタジーです。地上の人間の世界だけでなく、山の、地下の別世界があって、月夜にオコジョにまたがり狩りをする小さな人や、巨大な水蛇など、不思議で怪しく美しい別世界を楽しむもよし、人の世界の入り組んだ陰謀の真相を楽しむもよし、バルサの闘いっぷりを楽しむもよし、哀しく死んでいった親しい人への思いの深さに胸打たれるもよし…。おすすめ。

翻訳ものも少し……

## ロバート・ウェストール『弟の戦争』（徳間書店）

城西中学で使っている国語の教科書の、二年だったか三年だったかに、この作者の短編が載っていました。第一次世界大戦で心の調子をおかしくしたおじいさんが戦死した友人の遺品などを大切に取っていて、主人公に見せる話。覚えてる?

『弟の戦争』は、主人公の少年の弟が、感じやすい心優しい子なんだけど、湾岸戦争の時、イラクの少年兵が乗り移ったようになっちゃうの。そして、イギリスの平和な家庭にありながら、戦場のまっただ中にいるように心も体も傷ついていくのです。サイコホラーっぽい怖さもある問題作です。

## ルイス・サッカー『穴』（講談社）

これを何と言ったらよいだろう。強いて言えば、おおボラ話かな。無実の罪で砂漠のど真ん中の少年院に送られた主人公が、くる日もくる日も穴掘りをさせられるんだけど、それを命じている残虐非情な女所長は実は宝を探していてー

五代前の祖先が魔法使いのばあさんとの約束を破ったことから始まる代々の不運。言い伝えやら何やら、登場人物や事物がぜ～んぶ絡まり合ってて伏線だらけなのが最後に見事に解けて、快感です。さり気なくじわあっと幸せになるのが、

## 高楼方子『十一月の扉』（リブリオ出版）

一月半ほど「十一月荘」という下宿に一人暮らしすることになった中学生の爽子が主人公。

新しく素敵なノートを買ったら何を書こうとドキドキするような女の子におすすめ。大人になっていくのも悪くないと思わせてくれる一冊です。本好きなお母様だったら、すすめてみてごらん。

この作者の、小学校中学年向きの作品もなかなか楽しくていいのです。四年生くらいの妹やいとこなんかが本探してたら、『いたずらおばあさん』（あかね書房）なんか、いいと思います。

＊

本というのは、図書館で借りれば只だし、お手軽なレジャーだよ。是非楽しんでみてくれ給へ。

これでもこく
ごかつうしん

# もしもしあたしRICAちゃん

01年10月3日　15巻5号

## 学園祭お疲れさまでした♪

観たかったもの、聞きたかったもの、食べたかったもの……心残りはたくさんありますが、子連れの一人の客として楽しませていただきました。

活気がありましたね。みんな、いろんなことやってて、それが楽しそうでよかったよ。

新刊の紹介です。

## 芝田勝茂『サラシナ』（あかね書房）

現代の女子中学生サキが、夢の中で育てたひょうたんに導かれ、古代の多摩川に飛んでいってしまう。そこで不破麻呂（ふわまろ）という青年に出会いしばらく過ごした後、またすぐに元の世界に戻るのだが、サキは不破麻呂に恋してしまったらしい。もう一度彼に会いたいという気持ちが募る中、その思いの強さと出会いの運命が、サキを奈良時代の皇女（帝の娘）として生きさせ、不破麻呂と出会わせる。

――と激しく端折るとこんな感じだ。これじゃ、あんまり興味も湧かないか……。

全体に流れていて、読んでいる方にもわき起こるのは、〝恋〟の気分。あなたに会いたいという切実な思い。

全体に関わる重要なアイテム（?）は、ひょうたん。そして、そのひょうたんの飄々たるイメージ通りにおおらかでユーモア漂う。

全体の下敷きになっているのは、「更級日記」中の竹芝伝説というもの。

秋にこんな本読んじゃうと、恋患いみたいになっちゃう人もいるかも知れないけれど、ご紹介いたしました(更級日記を、更科と書かないでね。「コーキューニッキ」とも読まないでね)。

さて――二〇〇一年九月一一日、それ以来の状況について感想など――。

一一日は台風下学校へ行ったせいでもなく、例によって五歳児といっしょに寝てしまっていたので、事件のことは知らなかった。

翌一二日朝。あの映像にがく然。何これ。何なのこれ。誰が何を要求してやったの???

恐怖その一、こんな方法を思いついた人間がいて、実行してしまう人間がいたことへの底知れぬ恐怖（とっさに、地下鉄サリン事件と、第二次世界大戦中の日本軍の特攻作戦を思い出した。特攻に対して、世界はこういう風に恐怖を感じたのか、とわかる気がしたのだった）。

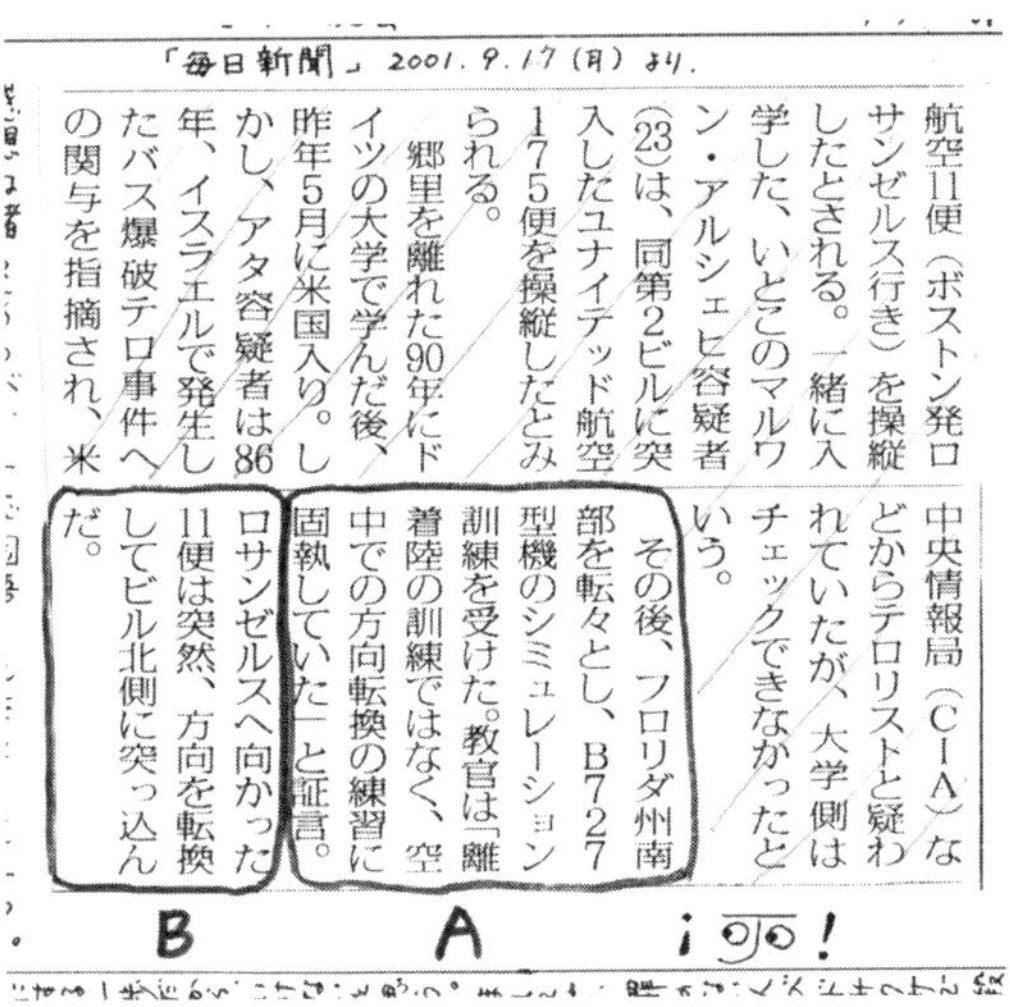
「毎日新聞」2001.9.17(月)より.

航空11便（ボストン発ロサンゼルス行き）を操縦したとされる。一緒に入学した、いとこのマルワン・アルシェヒ容疑者(23)は、同第2ビルに突入したユナイテッド航空175便を操縦したとみられる。

郷里を離れた90年にドイツの大学で学んだ後、昨年5月に米国入り。しかし、アタ容疑者は86年、イスラエルで発生したバス爆破テロ事件への関与を指摘され、米中央情報局（CIA）などからテロリストと疑われていたが、大学側はチェックできなかったという。

その後、フロリダ州南部を転々とし、B727型機のシミュレーション訓練を受けた。教官は「離着陸の訓練ではなく、空中での方向転換の練習に固執していた」と証言。ロサンゼルスへ向かった11便は突然、方向を転換してビル北側に突っ込んだ。



恐怖その二、9・11以降の〝強いアメリカ〞〝報復（仕返し）〟国際情勢。うちの国の進み方。

感想は諸々あるが、一応国語の先生として、一つ。左上のコピーを見てほしい。問題はA・Bの部分。

この記事を読んだとき、ぞっとした。なぜか。これはとてもずるくて危ない文章だから。報道の信憑性を前提とするなら、Aは事実。Bも事実。その二つの事実を並べることによって導かれるのは――（素直に読めば）「ふぅん、やっぱりそのアタって人がやったのね」ということにならない？　でも、この記事の時点（九月一七日）で（あれ？　今は？）この人が犯人の一人だと、操縦していたと確定はしてないでしょ。でも、そうとれてしまうじゃない。でも、文章としてはアタ「容疑者」であって、別に彼がやった、なんてどこにも書いておりません、と責任逃れできる作りになっている。ずるくて、あぶない。こんな文章に振り回されるな。こんな文章を書くな。これが、自戒も込めた教訓である。

国とか、宗教とか人種とか関係なく、○○人だからと人のことを見たくないし、見られたくないと思う今日この頃である。しかし、日本兵に大事な人を殺されたらやっぱ「日本人」を恨むだろうなぁ・・・。

これでもごくつうしん

# もしもしあたしRICAさん

絶好調!!

15巻9号・'02年2月6日
編集兼発行人・西山利佳

いっそ生身のキャラクターを出したいなら「〜でゴンス」とか「〜でゲス」とか「〜だっぺ」とか「〜だぜ」とかやってみい。マスコミ諸君‥鈴木宗男氏の言葉には必ず[illegible]

俳諧・紀行文「おくのほそ道」に入る際、俳句といえば〜で話したけど、みんなピンとこなかったあれ↓

1/14 毎日

## 余録

明治22（1889）年、故郷松山で病気療養中の正岡子規を中学時代の友人2人が訪ねてくる。2人は文学に関心がない。子規は「ベースボールを知っとるかねや」と野球に誘う。止める母親を尻目にさっさと家を出ていく▲司馬遼太郎さんが「坂の上の雲」の中で、こんな野球好きの子規を描いている。その子規が野球殿堂入りした。競技者表彰とは別の新世紀特別表彰で選ばれた。ベースボールは明治初期、米国から伝わった。子規は大学予備門に通っていた明治18（1885）年ごろ、この新奇なスポーツにふれ、とりこになった▲ベースボールを野球と訳したのも子規だという説がある。これは「一高野球部史」を編集した中馬庚が[illegible]

…教えるのですよ。
…は（歌人）
…教えます。
…は（俳人）

子規は両方作りました。
近代短歌・俳句の創始者です

…は……なんで
…人といわんのかねえ…

1/12 毎日

# 白球に魅せられし日より百余年

11日に「新世紀特別表彰」枠で野球殿堂入りが決まった俳人、歌人の正岡子規(写真、1867〜1902）は、無類の野球好きだった。米国から伝わったばかりの野球への思いをつづった作品も多く、野球を全国に紹介・普及させた功績が評価された。

子規が野球と出合ったのは東京大学予備門時代の1884年。白球に触れる機会の

## 子規、野球殿堂入り

多い捕手や投手として熱を上げた。89年に故郷・松山にバットとボールを持ち帰り、中学生らを指導した。「うちあぐるボールは高く雲に入りて又落ち来る人の手の中に」「草茂みベースボールの道白し」など野球を題材とした短歌や俳句を数多く詠み、幼名の「升（のぼる）」をもじって「野球（の・ボール）」を雅号に使うこともあった。

野球のルール解説や用語の翻訳にも尽力し、打者や走者、直球、四球、死球、飛球などは今も使用されている。

# 私は真紀子ウォッチャーではないし国会ウォッチャーでもないのだが……

たしか一月三一日付毎日新聞。（日付を書きこみ忘れておった）「検証・田中外相更迭」という記事でひっかかった。

「総理は私の目を見て話さなかったのよ。更迭は納得できないわ」

↑ひっかかったのは、ココ。もっと限定すれば……「〜のよ」「〜わ」

生粋の言葉をそのまま活字にしたら性別不明だよね。記者さん困るだろうね。）

(中)「ノボール」[illegible]……。[illegible]

が思いついたという方が正しいらしい(君島一郎著「日本野球創世記」)。ただ、子規が「野球」や「能球」という号を使ったことは事実だ。ともに幼名の升をもじって「ノボール」と読ませた▲子規を襲った病魔は結核だった。明治31(1898)年、よく知られた「ベースボールの歌」を作ったときには、すでに外出もままならない状態だった。ベースボールに合わせて9首。「今やかの三つのベースに人満ちてそぞろに胸のうちさわぐかな」「うちあぐるボールは高く雲に入りて又落ち来る人の手の中に」▲白球を追う健康だった自分が脳裏に浮かんでいただろう。次は翌年の作品。「球及び球を打つ木を手握りてシャツ著し見れば其時おもほゆ」。子規は自分の写真を見ている。もう決して返らぬ日々。悲しい歌だ▲没後100年、34歳の若さで死んだ俳人は天国で殿堂入りを素直に喜んでいるにちがいない。そして、大リーグ入りの話題が続く故国のベースボールの成り行きを少し心配しているかもしれない。

35歳の誤りだナ。
(9月17日生で 9月19日没だって)

短歌は 一首、二首と数
(5・7・5・7・7) それを作るの

俳句は 一句、二句と数
(5・7・5) それを作るのは

詩を作るのは詩人で、小説書くのは
小説

「子規」という俳号(=俳人としてのペンネーム)は、明治22年、喀血(肺・気管支からの出血を吐き出すこと)して、使い始めたのだそうです。
子規=ホトトギス=鳴いて血を吐くホトトギスと言われる鳥。ずっと元気で野球してたら、俳人として名は残してなかったのかもねえ……

小泉純一郎首相からの更迭通告から間もない30日午前1時。田中真紀子前外相は、親しい間柄の平沢勝栄衆院議員(自民党)からの電話に、更迭
(略)

以前からちょっと抵抗を感じていたので、またか、やっぱり、という感じで思わず切りぬいたのだ。
政治家etcの談話というのは、言ったまま、そのまんまでは記事にならない。要約される。その際、その口調まで残すには、それなりの意図があると思うのだよ。で、この台詞——ほんとに、田中真紀子って人はこういうシャベりをするんかねえ。ま、それならそれでいいが、この部分、平沢議員が、田中さんがこう言ってた、とコメントしたことによってマスコミに知れたのだろうが

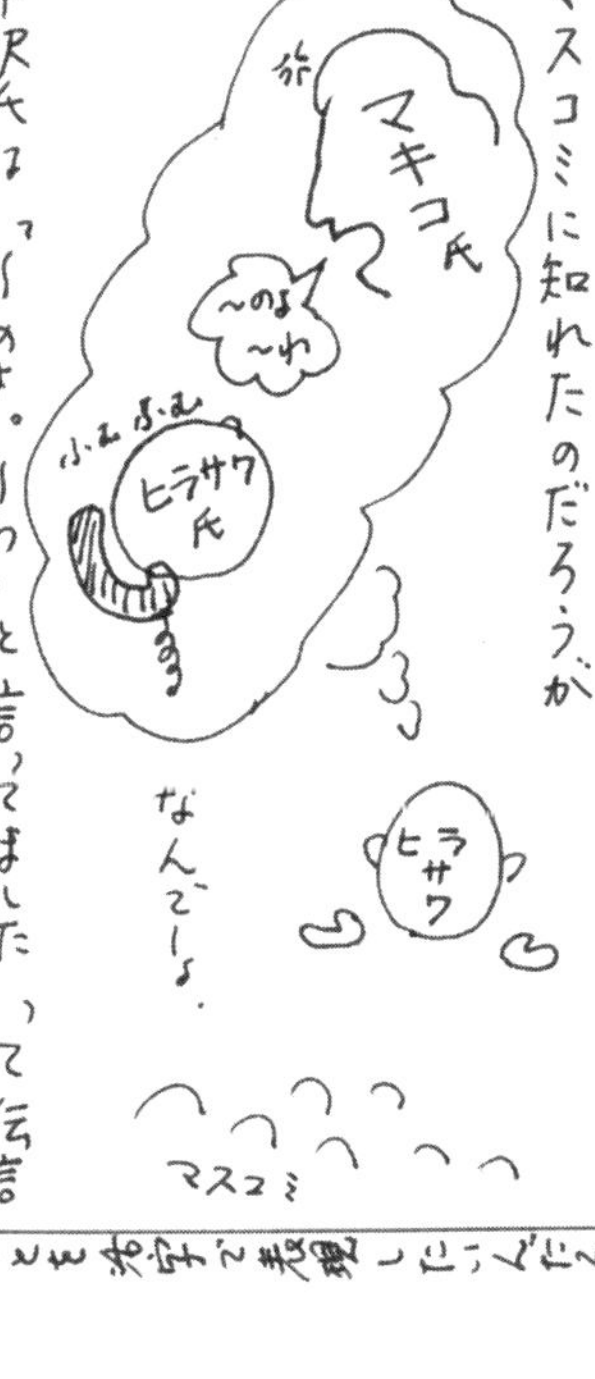


平沢氏は「〜のよ。〜わ」と言ってました、って伝言したのかねえ。
なあんかさ、新聞記事で、真紀子前外相の台詞を、やたら女臭く(ドラえもんのシズカちゃんの如き口調だ)再現したがってる気がしてたのよねえ。

「総理は私の目を見て話さなかった。更迭は納得できない」—でもいいわけでしょ。新聞記事としては。要するに女が

しゃべってる、ってことを強調したかったのかな。([illegible]、真紀子の[illegible])

これでもこく
ごかつうしん

# もしもしあたしRICAちゃん

02年3月12日　15巻10号

## 期末テストおつかれさん♪

古典に関しては、今までに比べてずうっと良くできていましたね。勉強したら答えられるんだなぁ、と実感した人や、勉強しないで低い点だったときより、勉強して高い点取ったときの方が、悔しいところがあちこち出てくるなぁと思った人もいると思う。いてほしいな。

**閑話休題**

——って、単に「ところで」かと思っていたのだが、今辞書を引いてみたら、「閑話」＝無駄話の意の漢語的表現。「閑話休題」＝横道にそれた話を本筋に戻すという意を表す語。じゃあ、全編無駄話とも言えるこの通信には、使えない接続語だったのね。

脈絡なく問題です。

これ、何と読むでしょう。

は

娘(六歳)が、保育園で「は」を習った日、お風呂のくもった鏡に指で「は」と書いて、そのあとおもむろに点をうつと——

「こうすると、おっはー になるよ。」

その娘、この春、一年生です。

## 青いランドセルを買いました。

紺じゃない。レゴブロックのような青。

某大手スーパーが一二色ランドセルというのを販売していて、黄色やオレンジやミントグリーンなんてのまである中から、彼女は迷わず、大好きな青を選んだ。買ってから一月ほど経つから、もうすっかり見慣れて違和感もないけど、実は、当初は内心ドキドキしてたのだ。青いランドセルのせいで、嫌なめにあいはしないかと・・・・。

そんな心配、もちろん私は口に出したりしない。だって、そうでしょ。好きな色を選んだだけなのに、嫌な思いをさせられるかもしれないのなら、そんな学校って何？　六歳児の胸の内でふくらむ小学校へのあこがれは、一瞬にして縮こまるじゃない？

思いは自分の過去へ飛ぶ——。

私が小学校へ入学した頃、そもそも赤と黒以外のランドセルなんて見たこともなかった。迷う余地もなく赤いランドセルで小学校生活がスタートする。

そして、中学。三〇年近く前の（自分で書いてて驚く）宮崎の山間部の田舎では、男子は黒、女史は赤（えんじ）の革鞄だった。しかし、母は赤のカバンを趣味の悪い色だと言い、しきりに紺の学生鞄を勧めたのだった。私はといえば、好みや趣味云々よりも、とにかく女子はみんな赤なんだから、私も赤と言い張った。私は田舎には珍しい転校生で、すでに十分目立っていたのだけれど、でも、あるいはだからこそ、自分が浮いてしまうのが怖かった。とにかく、紺なんて滅相もないと思っていた。

さて、希望通りに赤（えんじ）の学生鞄で中学生活をスタートした私だったが、二年になってまた転校することとなる。転校先の漁業で栄える街は——女の子はみんな、紺の学生鞄だったのだ。．．．．。

＊

娘は、「赤は女の色」とか、「青だから男の子」とかよく言っている。自分が女の子だってことも知っている（保育園に入って、男女別に並んだりする中で、自分は女だってわかったんだそうだ。ほんとか？）。だからといって、女である自分が赤いランドセルを背負わなきゃいけないとは、ぜーんぜん考えないみたいなのね。

なんか、愉快だ。

そう、これでいいのよ、女だから男だからではなく、自分らしく、人間らしく！——なんて思っていたある日のこと。娘の彼氏（生後九ヵ月から交際）のお母さんとランドセルの話になった。

「うちの子、何色がいいと言ったと思います？赤ですよ、赤！」

うー、そうかぁ。しかし、男の子って赤、好きだよなぁ考えてみれば。戦隊ヒーローもののリーダーなんて、いつも「赤なんとか」「なんとかレッド」ではないか。しかし、娘の青を支持していた私なのに、彼の赤にグッと詰まったのは、何なんだ？

いろいろ、考えちゃいます。だから、来年度もこの通信は出していくと思います。よろしく。

これでもこく
ごかつうしん

# もしもしあたしRICAちゃん

02年5月2日　16巻1号

こんにちは。これがうわさのRICAさんさ。

さて、毎年、一号目を出すには、背中を押してくれるような何かが必要。今年は、去年配っていたある生徒に「うちの母がハマってて、RICAさん読みたがってるからください」と言われたこと。おかあさん、見てますか?

それから、今日、うれしいことがあったから、聞いてほしくて――

## 「朗報」と題されたそのメール読んだ私は涙しそうになった

内容自体は、高校生のみなさんにとって身近な問題ではない。でも、皆さんの生き方へのちょっとしたアドバイスにはなると思うから、読んでほしい。

私には娘が一人いる。この春、小学校に入った。去年まで、保育園に通っていた。その、去年、私は保育園の保護者会役員というのをやっていた。その、役員としての一年燃えたのさ。何に燃えたのか。行政に対して（具体的には卒園式のあり方なんだけど、スペースの関係もあり、詳述はしない）、エキサイトしたのだよ。要は、親の願いとお役所の仕事がかけ離れていたのね。それに対し、声を上げたわけ。

最初はへんだなぁ、へんなの、と心の中で思ってただけのことだった。それが、役員になって意見を言う機会ができて、同じように思っている人が他にもいることがわかって、呼びかけてみたら、乗ってきてくれて、他の園の役員さんたちとも一緒に話し合ったりして、――。一年間それは、それはエネルギーを使って、その問題と取り組んだの。で、結果―― だめだったのさ。親の願いは通らなんだ。（その分、自分たちで思いっきり楽しいお別れ会を開きました!）これからも継続的に取り組んでいくしかないと新役員とも語り合ったの

郵便はがき

恐れいりますが
切手を貼って
お出しください

101-0061

千代田区神田三崎町 2-2-12
エコービル1階

**梨の木舎**行

★2016年9月20日より**CAFE**を併設、
新規に開店しました。どうぞお立ちよりください。

---

お買い上げいただき誠にありがとうございます。裏面にこの本をお読みいただいたご感想などお聞かせいただければ、幸いです。

| お買い上げいただいた書籍 |
| --- |
| |

**梨の木舎**

東京都千代田区神田三崎町 2—2—12　エコービル1階

TEL　03-6256-9517　FAX　03-6256-9518
Eメール　info@nashinoki-sha.com

（2024.3.1）

通信欄

小社の本を直接お申込いただく場合、このハガキを購入申込書としてお使いください。代金は書籍到着後同封の郵便振替用紙にてお支払いください。送料は200円です。

小社の本の詳しい内容は、ホームページに紹介しております。

是非ご覧下さい。　http://www.nashinoki-sha.com/

【購入申込書】（FAXでも申し込めます）　FAX　03-6256-9518

| 書　　名 | 定　価 | 部数 |
| --- | --- | --- |
| | | |
| | | |
| | | |
| | | |
| | | |

お名前

ご住所　（〒　　　　　　）

電話　（　　）

だった。

それが、きのう、なんと、今年度から私たちが願っていた形で式を行うことになったと発表があったというのだ。去年の動きは無駄じゃなかったのだ。それを早速メールで教えてくれた役員仲間。私もすぐにあちこちに転送して喜びを分かち合った。

## 高校生諸君に言いたいこと其の一　仲間・友だち

去年のあれこれの内容を書かないと、いまいちピンと来ないだろうけど、ま、いろいろ面倒だったのさ。時間も使ったよ。けどね、精神的に参るってことがなかったのは、ひとえに仲間がいたからだと、しみじみ思っているの。思いを同じくする者が何人も集まって一緒に腹を立てたりしていると、元気がわくもんだねぇ。そして、一緒にやっかいごとにぶつかった仲間とは、本当に親しくなれるねぇ。そんな仲間とは、集まって食べたりしゃべったりするのも楽しいねぇ。

この先も、保育園仲間はいい友だちで、何か困ったことが起きたとき、お互い助けになれるだろうなと思っている。

## 高校生諸君にいいたいこと其の二　書く

この一件のために、私はかなりの文章を書いた。身近な人への呼びかけ、全体への呼びかけ、他の園の人（顔を知らない人たち）への呼びかけ、行政への要望書、そして、議員宛の手紙。

私の文章を書く力（ご覧の通り、あまり行儀の良い文章を書きつけているわけではないのだけれど）、役に立ったと思うのよね。で、一応、国語の先生として思ったわけ。実用的な文章を書く力、大事よね。人を動かす、周りを動かしていく為の文章、何かを為すために伝えたり（正確に！）理解したりする力、あったほうがいいよ。

いろんな力を付けて、社会へ出てください。

（特に1Cの諸君へ。最初のアンケートで、私西山を見た際の第一印象を選択肢から選んでもらったでしょ。あれで、「とても言えない」に○付けた人が一三人もいたんだよ。笑った。このクラスとはうまくやっていけそうだと思った。ジョークがわかるというか……え？　ジョークじゃない？　マジで……？）

これでもこくごかつうしん

# もしもしあたしRICAちゃん

02年6月11日　16巻3号

## 楽しんでますか？

Copa Mundial
2002

いやあ、日本、勝ちましたね。びっくり。

いやぁ、アルゼンチン、負けましたね。

六月五日に、ブエノス・アイレスの友人が送ってくれたメールには、「私たちは、金曜日の勝利の祝賀準備をしています」とあったのに。で、日本とまる一二時間の時差のあるアルゼンチン、試合が終わった頃からビジネスアワーだから「仕事してるかい？」とメールしたら、「準備してた旗だのなんだの使いそびれちゃったわよ」といったお返事がすぐ届きました。

――これ、「サッカーファンではない」と断言する友人とのやりとり。

ともかく、ラテンアメリカのチームは全部応援するあたしRICAさんです。メヒコ（メキシコのこと）もコスタリカも、エクアドルも、パラグアイも、ウルグアイも、もちろんアルゼンチンも残って、残り続けて欲しい――ところで、ブラジルが落ちているのは、先の六ヵ国はスペイン語圏で、ブラジルはポルトガル語だから。それだけの理由で思い入れたり無視したり、偏ったあたしRICAさんです。

**ところで、なぜ、これらの国々の公用語がスペイン語だったり、ポルトガル語だったりするのか、わかってますよねぇ**

**植民地だったからよね。**

アフリカ勢の国名は列挙できないが、使っているのがフランス語だったり英語だったり、の理由も同様だよね。

いろんな言語が聞けるのも楽しい。モストボイなんて聞くと、毎回ボルゾイ（ロシア貴族が好んで飼っていたという、うすべったい大型長毛犬の名前）を連想して、ああ、ロシア語だぁと思う私である（名前もれっきとした、それぞれの言語の一部です。参考：田中克彦『名前と人間』岩波新書）。

そうそうブラジルといえば（って、何がそうそうだよ。全く身勝手な転換である）、前回のW杯の時、属しているラテンアメリカ関係の会の通信誌に載っていた記事が忘れられない。

ブラジル在住の日本人が、ブラジル人の同僚に聞いたそうだ。「日本代表をどう思う？」「うーん、日本、なかなかいいぞ。あのユニフォームがかっこいい」「……」

**とまあ、かくの如く、試合内容より周辺の諸々を楽しんでいるのである（もちろん、試合も観てるけどさ）。**

だから、六月四日付け「乳児同伴拒否、新潟でも満席より規則厳守!?」の記事にはエキサイトした。

一歳二ヵ月の赤ちゃんのチケットがないからって、入れてもらえなかったという記事。驚きの融通のきかなさ（って、変な表現だが）だ。他人事ながら腹が立つ。しかし、この不合理に対して、どのくらい、どのように闘ったのだろうかと気になり始めた。そこで、私が考えた戦略は以下の通り。

一、**対応している受付さんの名前を聞き、○○さんを連呼しつつ、主張展開**

何事でも、直接対応した係の人の名前を押さえておくのは大事です。ちゃんとした会社は、自らちゃんと名乗ります。

どう有効か。①大きな組織の末端の歯車の一つとなってしまっている相手に、一般人の常識をよびさます。②責任の所在が明らかになる。つまり、当人ビビる。とはいえ、末端の歯車は歯車にしか過ぎない。そこで、

二、**上の人を出せ、と要求**

日本の（？）組織の末端（お客と対応する現場）には裁量権がないことが多い。故に、らちが明かないのだ。

三、**周囲の人、マスコミを味方にして、事を荒立てる。　職員を突き飛ばしてガラス割っちゃったりしたらダメ。一人で闘わず、サポーターを作る、ということ。**

四、**知らんぷりして入っちゃう。**

「何もみなかったこと」にしてもらう。

こころにうつりゆくよしなしごとをそこはかとなくかきつくればあやしうこそものぐるほしけれ

全学年OK！ 本通信のような文章でなく、堅いのも書けるから安心して！ 一応 現役のモノ書きのハシクレ

具体的に ちゃ〜んと教えてさしあげますからねぇ！ 申し込んでねぇ〜♪

これでもこくご かつうしん

# もしもしあたしRICAさん

かんじんかなめで
重要

16巻4号・'02年6月25日
編集兼発行人・西山利佳

## W杯決勝へのカウントダウン ＝ 期末テストへのカウントダウン

——だということに気づいてた？ これは、ある意味で、ワナだね。

念のため、試験範囲は

三年〈古典講読〉"亀の恩返し"と"玄象の琵琶"

一年〈国I古〉"児のそら寝""安養の尼の小袖""用言""漢語の基本構造＆訓読の実際""倉舒称象"——一学期にやったこと全部!!

両学年共、ともかくまず、試験範囲をきちんと読みなさい。基本は教科書とノート。授業でやったことをちゃ〜んと理解しているか、しっかり復

さい。中田の英さんは、少し前はリスザルそっくりでいらしたのに、少し髪の色が暗くなってるのではないかい？ 稲本さんは、キンシコウよね。孫悟空（ドラゴンボールじゃなくて本家本元の西遊記のだぞ）のモデルと言われる猿で、本当にきれいなものです。戸田殿は、横顔はみごとにりりしい海イグアナでしたわね。雨にぬれると鳥っぽくてかわいかった。

以上の文章から何がわかるか↓西山は動物好き。（あるいは、西山は試合内容より選手の見てくれを重視している。あるいは、アルゼンチン敗退のがっかりを何かで埋めようとしている。）

Kani ga suki♡
Umaku Kakenai kedo

ここだけのはなし

## うちの6才児の勘違い

ああ

ちがうちがう
誤解

W杯、試合やニュースや、いろいろ見ているので、うちの子六歳も知ったような口をきく。「トルコの弱点がわかった！」だの何だのと……。先に、韓国がイタリアに勝った後は、

CM：8/26～31の6日間、夏期補習で小論文実作指導をいたします。先着10名様！全

習して下さい。

前号を出した翌日、アルゼンチンは一次リーグ敗退とあいなってしまったのだった。

唖然（ア）、呆然（ボウ）、愕然（ガク）、悄然（ショウ）

ええ？　うそぉ　そ、そんな、がっくり

ここは、国語科通信らしく次の熟語の確認といきますか。

▼惜（お）しくも敗れるのが―①敗

▼無惨に敗れるのが―②敗
「みじめなほどにさんざんに負けること」

▼完全に負けるのが―③敗

▽かろうじて勝つのが―④勝

▽楽に勝つのが―⑤勝

▽問題にならないほどの大差で勝つのが―⑥勝

Copa Mundial 2002

アルゼンチンがいなくなって、自分のショクの大きさにショックをうけるくらい、ショックだった。そんな私の憂うつを少し晴らしてくれたのは「モヒカン・ファイブ」の記事だったわね。ベッカム氏の頭は、ハイエナのようだと思っていたのだが、正面からの写真は、まあ、みごとにカニクイザルではないか。カニクイザル、知らない？　ああいう髪形のキュートなお猿なのよ。動物図鑑かインターネットでか、まあ一度見てみんな

「きょうぼうなイタリアをやぶったんだよ」と言っていた。おいおい、そりゃ、狂暴じゃなくて、強豪だよ。仕方ないね。六歳児のボキャブラリーには「強豪」はないのだよ。でも、ちょっとおもしろいよね。イタリアと狂暴のイメージギャップが。

一昨日のこと。

「えー?!　名前もトルシエっていうんだあ！」

あ、あんた今まで「トルシエ」って何だと思ってたの。

（何が何だかわけわかりません、この誤解）

すばらしいのは、これ――

「ニッポンってよみにくいよねえ。だってかんじがひとつで、あとカタカナでしょ」

？？？　テレビに踊る「ニッポン！ニッポン！」を見てのご発言。漢字がひとつで？――って、ニッポンは

（ニ）ッポン
漢字の二　↑カタカナ

だと思ってたのねえ。まだひらがなしか習っていない一年生。（私は先取りして教えたりしないの）

「二」が漢字で、あとはカタカナだとわかったから、「すごいねー、よく読めたねえ」と感心してもらえると思い、得々として指摘したのである。相当おもしろかったんだけど、たぶん大笑いしたら泣くだろうと思ったので、軽く訂正して流したのだった。

みーんないろんな勘違いしながら大きくなるのだよねえ。あなた方も、ね。

こたえ ― ①惜敗 ②惨敗 ③完敗 ④辛勝 ⑤楽勝 ⑥圧勝

これでもこくごかつうしん
もしもしあなたRICAちゃん
02年9月10日　16巻5号

# 二〇〇二年　ラテンアメリカの旅

## 第一話　パパよあなたはエラかった

七月二九日から八月一九日まで、三週間の日程でラテンアメリカを旅してきた。目的地は、ペルー、ボリビア、アルゼンチン、そして、メキシコ。ペルー・ボリビアは八年ぶりにして四回目。アルゼンチンは二年半ぶりの五回目。メキシコは乗り継ぎの都合でちらっと降りたことしかなかったので、訪れたと言えるのは今回が初めて。

### 1、「パパが来る」

七月二九日夕刻。予定通り、メキシコ・シティ着。日本を発って、サンフランシスコを経由し、飛行時間だけでも一五時間かかっているので、家を出てから優にまる一日は経っている。

さて、旅行社に頼んで取ってもらっていたホテルへ行くのに最初のトラブルが伴った。いきなりもぐりのタクシーにひっかかって三〇分弱の距離に六〇ドルも払わされてしまったのだ（ホテルから空港は一四ドルくらいだった！）今は、その額が法外だと確信できるが、メキシコに着いたばかり、しかも印刷された料金表までご丁寧に提示されたので、空港そばのホテルを押さえてくれなかった旅行社に怒りの矛先は向かっていた。なにしろ、ここは一泊するだけで、翌日再びペルーのリマへ行くのだ。メキシコ・シティの観光は帰りにするから、泊まるだけだから、空港の近くで、安全で清潔なら安いほどいい、とリクエストしていたのに……、どうした手違いか手配されておらず、出発一週間ほど前になってあわてて動いた旅行社、どこにも空きがなくって……ときりぎりまでかかってようやく押さえてくれたのが、市の中心も中心、その名もソカロ（中心）広場と親しまれる大きな広場に面した風情あるホテルだった。

さて、そのホテルへの車中、運転手氏の曰く――「明日、パパが来る」・・・・？　パパ？・・・・「明日、パパのミサがある」・・・・！　そうだ、パパとはローマ法王の事だ！「明日、パパがここでミサをするんだ」と運転手氏は誇らしげに「パパ」を連発している。そして、確かに市内はパパをお迎えする準備がそちこちで見られる。ホテル屋上レストランから見下ろすソカロ広場には、明日のミサ実況放送のための巨大スクリーンやスピーカーが設営されていた。

最近になって知ったのだが、メキシコは国民の九割、九〇〇〇万人のカトリック信者を抱える国なんだとさ。どうりでホテルがのきなみ埋まっているわけだ。無駄に市内に出てきたけれど、ローマ法王を迎える町の雰囲気を垣間見られたことでヨシとするか。ホテルも、なかなかよかったし。とまあ、そんな寛大な気分だった。この時は・・・・。

## 2、パパの影響

翌三〇日。リマ行きの便は四時発。本来なら、昼ごろまでゆ～っくりしてからホテルを出ても大丈夫という時間である。が、法王のミサが確か、夜七時。昼からは交通規制があるだろうから早めに空港へ行っておいた方が無難というのが、親切なホテルマンのアドバイス。

かくして、フライト五時間前に空港入りを果たした私たち（親子三人旅です）。長い待ち時間が、予想すらしないおそろしくも長いなが～いものになろうとは・・・・。

思えば怪しい予兆はあった。荷物を預けようとしたら三時に出直せの一点張り。四時発の国際線で一時間前なんておかしい！と食い下がったのだが、なんか要領を得ない。でも、メキシコだし、と自らを納得させ（なぜ、納得?!）空港内カフェテリアでタコスなどつまみながら絵はがき書いて時間をつぶす。頭上のテレビでは、グアテマラシティでの法王ミサが流れている。

「これ、生だよねぇ。今、グアテマラで、そのあとメキシコじゃ、いくら隣の国ったって、たいへんだねぇ。そうとう年取ってるみたいだし」なんてのんきに言い合ったりして・・・・。未来が予知できないって、幸せなことだね。少なくとも直面するまでは穏やかで幸せだ。

夫一人に搭乗カウンターに並んでもらい、私と娘はハガキを出しに行く。その郵便局が空港の端でやたら遠くて（大きな空港なんだよ）、疲れた八歳児にアイス

を買ってやって、二人のんきに戻ってみると——、

「なんか、大変なことになってるみたい」

たいへんって、オーバーブッキングかぁ？　とカウンターに近づくと、それどころじゃない。飛ばないというのだ。リマ行き、本日欠航。

〔冗談じゃない。なんでよっ！　無言で首を横に振るばかりの職員。で、リマ行き直行はあさってだ。最も速く着くのが明日、まずサルバドルに行って、そこからパナマに飛んで、で、パナマからリマへ入るルートだ。ホテルは用意する。さあ、どうしますか——って、じょおっだんじゃない!!


ここから、リマの日系の友人を巻き込んで（電話で）熱い時間が始まる。結局、明日その中米飛び飛びコースを取るしかないのか、となりかけていた時、今日リマにいけるかも知れない、急いで！とTACAという その航空会社の女性職員。通常のコースをはずれて、職員ONLYみたいなところをすり抜け、駆け足でわけもわからぬままアエロ・メヒコという会社のリマ便搭乗口へ。空席があったので、乗れるらしいと言うのだ。時間はない。しかし、荷物検査は入念である。

娘のリュックも全部開ける。たれパンダのぬいぐるみを見られて恥ずかしい六歳・・・。とにかく乗れるんだ、という思いに頬はゆるむ。検査係に「よい旅を！」と送り出され、トランシーバー片手に誘導するTAKA職員と、まさにあと一歩で機内、というそこまで到着。

ところが——

「空席は二つ」私たちは三人・・・。

一応言ってみたよ。「この子抱くから、だめ？」それが通るようじゃ危ないだろ、と内心思いつつ（でも、メキシコだし、と再び根拠なく失礼な期待）、でも、やはりダメだった。

初めてだよ、目の前で飛行機の扉が閉まるのを見たのは（電車ではしょっちゅうあるけれど、飛行機だよ、飛行機の扉が目の前で・・・）。

娘の絵日記には、このシーンも加えられることになった。実際はそうではないのだが、心情的には実によくその瞬間をとらえた絵である。それは、飛行機から上半身を出したスチュワーデスさんが、にっこり笑顔で手を振っていて、外に我々三人がたたずむというもの。ああ・・・。

TACAが用意したホテルに落ち着いたのは、八時くらいだったと思う。空港で過ごした長い一日。娘はそのホテルが気に入って、もうひとつ泊まりたいと言っ

たが、おいおい、ここは目的地じゃないんだよ。

翌朝五時一〇分にチェックアウト。長い一日が始まる。

サルバドルと聞いて、どこだかわかる？　サルバドルといえばエル・サルバドルだとは思った。しかし、そこら中にありそうな地名でもある（例えば、サンティアゴは、スペインにもチリにもキューバにもある）。機内の雑誌の地図でもわからない。つまり、知らない場所に行こうとしているのだよ。まさに、ココハドコ？の状態。という具合なので、降りるなり売店に目を走らせた。うわぁ、やっぱりエル・サルバドルだ。Tシャツにでかでかと書いてある。エル・サルバドルといえば〝内戦〟しか、思い浮かばない。ああ・・・。

入国審査するのか？　ビザなんか求められないよな。荷物はどうなるの？　空港使用税を取られたりする？

不安とクリアすべき問題は山ほどある。一つ無事クリアするたびに、双六みたいだと思った。メキシコ・シティからエル・サルバドルまで駒を進めた。次は、パナマだ。一回休みなんていやだぞ。振り出しに戻るなんてやめてくれよ――そんな感じ。

エル・サルバドルの空港で過ごした六時間（！）記念にでかでかとエルサルバドルの文字が入ったTシャツ買ったり、窓の外に飛び交う蝶を見たり、例によってハガキを書いたりしてすごす。

パナマ便に乗ってほっとしたのもつかの間、直行じゃなくてマナグア（って、どこよ！　ニカラグアか？）に一旦降りたりして、全く気が抜けない。

リマについて、日系の友人の顔を見て、ほんっとにほっとしたのだった。

---

旅から帰り、旅行社の人と話をしていてこの苦難の旅の元凶が判明した。パパである。グアテマラへの発着便があの日の四時まで全て欠航だったのだそうだ。我々が乗るはずだった便も、パパの移動時間にちょうど重なってしまい、厳戒態勢の中欠航させられてしまったのだね。ローマ法王はキリスト教世界では現世で一番エラい人よね。私にとっては、――すっごい迷惑だったわ。

これでもこく
ごかつうしん

# もしもしあたしRICAちゃん

02年10月10日　16巻6号

## 二〇〇二年
## ラテンアメリカの旅

**〈第一話の教訓〉**

海外旅行をするときには、ローマ法王のスケジュールもチェックしよう。

### 第二話　リマの緊張や地球サイズの食卓などなど

前回の終わりに、「リマについて、日系の友人の顔を見てほんっとにほっとしたのだった」と書いた。しかし、そこはペルーの首都リマ。緊張の糸を解くのはちと早かったようだ。車に乗るなり言われた。「かばん類は足下か、コートの下にして、外から見えないように。交差点で止まっているときなどに、ガラスを割って窓から盗られる事があるから」

ペルーの大きな「テロ組織」はつぶされたかも知れないけれど（フジモリが強硬に対決姿勢を見せていた九一年の旅では、日系社会にハンパじゃない緊張が漂っていた）、貧困問題は未解決で、治安はお世辞にも良いとは言えないようだ。

さてしかし、日系人経営のペンションの扉の内に入ってしまえば、もう肩に力を入れていなくていい。今度こそ本当にほっとする。

ペンションの食卓は楽しい。遺跡の発掘調査のため、そこを常宿としている著名な学者先生や、ペンション経営者（みんなに〝おばちゃん〟と親しまれているおばあちゃま）の家族などなど。美味しくて安いリマのパンをむしゃむしゃやりながら話はあちこちへ飛ぶ。

おばちゃんの息子の嫁さんが長野から遊びに来ていて。その息子さん（つまり、おばちゃんの孫ね）が部活などの関係であとから追ってくると言う。海外旅行など不慣れな親戚と一緒にやってくるのだが、乗り継ぎに不安があるらしい。

「でもね、わたし言ったの。迷子になったとしても、宇宙じゃないんだから。地球の上なんだからなんとかなるよって」

スケールの大きな話である。

「空港で人がいなくなったって話は聞きませんよね。もぐもぐ……」と考古学の先生。

翌朝、別の教授のご家族が日本から到着。当然日本人だと思っていたら、奥様はペルー人。中学二年の長男は母上の血を美しく受けついで褐色の肌にくっきりした目鼻立ちの、とってもハンサムなラテンの少年。それが、スペイン語が話せないらしく、その上、お箸でご飯が食べたいらししく、でも台所にいるお手伝いさんは日本語がわからないだろうから、「おかあちゃん、言うて」とこてこての京都弁でしゃべってる。

おばちゃんが「嫁です」と紹介してくれたのは金髪の白人だし。（おばちゃんは、使用人の男の子のことを「小僧」という。「今、小僧に持って行かせますから」とか）なんかもう、いちいち、おもしろいぞっ！

＊

今回初めてパチャカマ遺跡へ行った。ペルーには見るべきものが本当に多いのだが、いかんせん、治安の悪さがネックとなって長居の勇気が出ないものだから、何度も行っている割にあまりあちこち見ていない。

パチャカマで思ったことを一つだけ書いておこう。この遺跡は、インカ以前の（詳細忘れた！）古い時代からインカに至る確か四つの文明（時代）の神殿やピラミッドが点在する。その、それぞれが、前の文化（宗教）をつぶしてしまうことなく、共存し重なって来たものだと知った。しかし、一六世紀に入ってきたスペインは違った。異教を、異文化をたたきつぶし、征服支配した。黄金をまとい、美しく飾られ神殿頂上で人々を見守っていたミイラたちの金をはがし、いつぶし金塊に変えて本国へ運んだスペイン人たち……。

私はアジア・太平洋戦争中に、日本がアジア諸国で行ったことを連想していた。異なるものを許さない、根絶やしにしようとする文化と、共存、混在していく文化があるんだな――、パチャカマでそんなことを考えていた。

これでもこく
ごかつうしん

# もしもしあたしRICAちゃん

02年12月14日　16巻7号

まだ

## 二〇〇二年　ラテンアメリカの旅

### 第三話　経済危機のアルゼンチンにて

リマからアルゼンチンはブエノス・アイレスへ飛ぶ。深夜の国際空港へ車で迎えに来てくれたのは、出会って一三年になる友人ラウラと、その友人タナさん。タナとはナポリターナのタナで、（イタリア系なのね）、ラウラの元彼のお母さんである。

さて、私たち家族三人は彼女の家に泊めてもらうつもりだったのだが、着いてみると家丸ごと借りることになっていた。彼女の家というのはメゾネットタイプの五軒長屋で、左から二番目。ごく小さなスペースである。（以前彼女のお母さんが、「私の娘、家は小さいけど心は大きいの！」と言っていた）その同じ長屋の一軒おいて右隣が彼女の元彼（タナさんの息子とは別の）の妹（姉かも。英語同様長幼の区別がないので不明）の家で、ただ今出張中。私たちと入れ替わりに帰って来るというスケジュールなので、家も車も好きに使っていいわよ、ということになっていたのだ。迎えに来てくれた車がそれ。

アミーゴのアミーゴはみんなアミーゴの世界である。それにしても、一面識もない外国人の家族に、留守宅を貸すか？ふつう…。ま、ラウラの人間関係は、当人がLOCA＝CRAZYだと言っているので、アルゼンチン人が皆そうだとは考えない方がいいかも知れない。

さて、その元彼の妹んちのベッドでゆっくり休んで、翌日曜の午後はラウラ、タナさんのこぐボートでパラナ川の水郷地帯を優雅に満喫したのだった。

アルゼンチンへ行ったというと、事情を知る人は大丈夫なの、と言う。秋からマスコミは北朝鮮関係で埋まっているので、地球の反対側の情報はなかなか入ってこないが、経済危機は深刻なのだ。よくわからないのだが、国が破産している状態に近いらしい。別にデモや暴動なんて目にしなかったが、〝Ｃｒｉｓｉｓ　Ｅｃｏｎｏｍｉｃａ〟（経済危機）という言葉は何度も耳にした。その影響も垣間見た。

**その１　レストランが開いてない！**

アルヘンティーナは宵っ張りである。夜の九時、一〇時からレストランは大にぎわいする。過去四回はそうだった。ところが、今回開いている店を探すのに難儀したのだ。ようやく見つけたレストランの、そこここのテーブルから〝経済〟とか〝政治〟とかいう単語が聞こえてきた。

**その２　留守番していると・・・**

友人は勤め人である。朝早くから都心へ通勤して、夜九時頃帰ってくる。労働者の地位が安定していないから、それこそリストラも激しいいし、なかなかハードな様子。

さて彼女が働いている間、我々は二軒分の鍵を預かり、ごろごろぐたぐたしていた。そこへ、二日続けてご婦人の訪問があった。「何か、仕事をもらえませんか」と。

**その３　寂れたショッピングモール**

娘のジャケットを買いたくて、以前も行ったことのあるショッピングモールへ行った。すると、閉まっている店が一軒や二軒ではない。それは薄ら寒い光景である。春までの強気固定相場一ドル＝一ペソが崩れ、今や三分の一以下に落ちたアルゼンチン通貨。「あなた方ドルを持っている人には天国よ」と言われもしたが、ほいほい革製品を買い漁るといった下品はすまいと思った。ほとんどお金を使うこともなく、その郊外で過ごしたのだった。

**その４　あわれ、ビスコッチョ**

ビスコッチョとは、ラウラがスペインに出稼ぎしていたとき市場に捨てられていたのを連れ帰った中型犬である。賢く、カワイイ。

そのビスコッチョ、赤いセーターを着ていたのだが、あちこちほころびている。本当は、もっと素敵なセーターを持っていたのだが、散歩中に（ここらの犬は鎖を付けず、一人で散歩してくる）二度も追い剥ぎにあったのだそうだ。以来、良い服は着せないんだって。

これでもこく
ごかつうしん

# もしもしあたしRICAちゃん

03年1月16日　16巻8号

## あけまして　おめでとう　ございます

さて、夏の旅の報告も終わらぬというのに、また外へ。ま、これは、一昨年の冬休み、キューバ行きでトラブった某航空会社に、抗議の長文を送ったことに始まっているのだな。お詫びとして発行されたクーポン。使用期限迫る。そこで、決まった行き先が台湾。初めての漢字文化圏である。そこで、問題。

＊台湾で出会ったこの漢語、なんだかわかる？

① **寶（宝）礦力水得**　② **維多命C**
③ **聖瑪莉**　④ **全家便利商店**
⑤ **化學超男子**　⑥ **聖堂教父**

ヒント　①飲料水の商品名　②ある飲み物のラベルにあった語　③④は店名　⑤⑥はミュージシャンのグループ名

食べ物は美味しく、人は親切。十分にリラックスできる旅でした。こういう旅もあるんだねぇ、と感慨深く思うのは今まで緊張感ありすぎな旅ばかりしていたせいでしょう。ということで、つづき――

## 2002年　ラテンアメリカの旅

### 第四話　初めての高山病～ラ・パス～

南米の心臓と自称する内陸国ボリビア。その事実上の首都ラ・パスを訪れるのは、実に八年ぶり四回目である。アンデスのフォルクローレをかじっている私にとっては、最も親しみ深く、すでに知人友人の多く住む大切な場所。そこを訪れるのが、こうも久しぶりになったのは、幼い子どもを連れて行くのがためらわれたから。首都とは言っても、表通りから少し入れば、リャマの胎児のミイラだの不可解なまじない用品が売られている環境である。清潔なトイレを探すのにも苦労する。

　加えて、高山病のおそれ。

ラ・パス郊外の国際空港はその名をエル・アルトという。ずばり「高い」って意味。標高四〇〇〇m。そこから下って、市内はそれでも三六〇〇m。海辺のリマから一時間ほどのフライトでいきなり日本に存在しない高さに降り立つのだ。いつも、肺にすーっと入ってくる、ステキに薄い空気にドキドキするものだった。しかし、今回はなんかその「ステキに薄い」という感じがない。あとで、思ったのだが、今まで私が「ステキに薄い」と感じていたのは、冷えた乾ききった空気のことだったのかもしれない。前の三回の滞在中（一度など丸一月もいた）雨なんか一滴も降らず、六〇〇〇m級のアンデスの山々の背景は雲一つない、ひたすら青い空だったのに、今回は毎日のように雨が降ったのだ。おかげで、乾燥のせいで、唇がひび割れたり、鼻血が出たりしなかったけど。

　それはそうと、高山病。私、今回初めてその苦しみを味わった。初めて。

　到着翌日、頭は重いが朝食少々腹に入れる余裕はあった。しかし、次第に頭痛はひどくなり吐き気も収まらず……。体を慣らすことが大事と外へ出てみたものの、うっ……。それは激しい二日酔いのようなものです。

　子どもは気の持ちようだから、と一年生の娘には高山病の事前情報は与えていなかったのだけれど、彼女も来ましたね。気持ち悪いって。この子の場合、到着翌日に携帯おにぎりを二個も平らげたのが悪かったみたい。親というものは、子どもが元気にものを食べていれば何しろ安心で、つい食べさせてしまったのだが、良くなかった。たくさん食べると、血液が胃の方に集中するので、なおのこと脳が酸欠になりやすいのだとか。

　しかし、身体が慣れるとあとは平気です。娘も元気に教会前の鳩を追い回していました。

答え　①ポカリスエット　②ビタミンC　③サンメリー　④ファミリーマート　⑤ケミストリー　⑥ゴスペラーズ

これでもこく
ごかつうしん

# もしもしあたしRICAちゃん

03年2月27日　16巻9号

## GOOD LUCK

日曜夜九時のドラマ〝GOOD　LUCK〟をここ何回か見ている。木村拓哉演ずるところの駆け出しパイロットが主人公。先の回は、上海かどこかから成田へ飛んで来るも、悪天候のため着陸できず、さあどうする、というドラマだった。

成田上空で待機するのも限界、関空も雷雲でダメ。機長は千歳へ飛ぶと決断。それに対しキムタク副操縦士は、もっと粘ってみるべきだ、乗客たちにもそれぞれ事情がある、安全ならいいってもんでもない、あきらめていいのか云々かんぬん、熱く熱く先輩機長に意見するのである。その長い熱弁をひととおり聞いた後、有能だが冷徹非情に見える機長が言う。「誰があきらめると言った―― 千歳で給油し、成田に戻り、雷雲が去ったあとの雲の切れ間に着陸する」と。（あいたーっ）って表情のキムタク副操縦士。

彼は無事着陸後、素直に謝る。さっきは生意気言ってすみませんでした、と。そして、正直に言う。成田上空でもう少し頑張ってみて、ダメなら千歳でもいいかなと思っていた、と。

おお、若者よ。ここに学ぼうではないか。ひととおり頑張ってみてダメだったら仕方がないと考えながら取り組むのは、はなからあきらめているのと大差ないのではないか。只、対外的にも自分自身のためにも、「努力はした」という言い訳を与えているに過ぎないんじゃないか。本当に強く願うなら、その実現の為にあの手この手を尽くさねばならない。

アメリカは何を願っているのか。査察に時間も割いた、こんなに努力したんだから、戦争も仕方がないってか？

（ところで、件のドラマの感想by七歳「飛行機の人も、いろいろたいへんだねぇ」）

# 2002年　ラテンアメリカの旅

## 第五話　メヒコの動物園は祝祭空間の巻

あの怒ったり走ったり呆然としたりしたメキシコに再び降り立ち、旅の最後の四日をすごす。（第一話参照）

日曜日に訪れたチャプルテペック動物園でのよしなしごとをそこはかとなく書き付けよう。

チャプルテペック動物園の入り口に続く道の両脇はずら〜り屋台。いろんな食べ物がある。それが、ほとんどどれにも真っ赤っ赤なトッピング付き。チレ（とうがらし）の粉である。

大きなえびせんみたいな揚げ菓子を大きなビニール袋いっぱいに買って、ざくざくとうがらしをかけて子どももばりばり食っている。プラスチックのコップに入った青リンゴにも赤い粉。フルーツスティックを買うと、なぜか塩は？　レモンは？　チレは？　とトッピングを問われる（これが、フルーツじゃなくて、半分以上野菜スティックだったのでちょっと納得。でも、なぜ、スイカとパパイヤとキュウリとだいこん……）。

さて、この動物園のお祭り気分を演出していたのは、フェイスペインティング屋台だった。目尻に星とか、ほっぺに国旗とかそんなちゃちなもんじゃないよ。顔全体塗りつぶす、ミュージカルキャッツばりのメイクの見本写真をぶら下げた屋台がこれまた、ずらり。そのとき流行っていたのがスパイダーマンだから、ホントすごいことになっていた。顔全体ほぼ真っ赤に塗りつぶした上に、クモの巣模様の子どもがちょろちょろしているのだから。その上笑ってしまったのは、たいていの子どもが一メートル五、六〇センチくらいのひもでつながれているのだ。ある者は腰にまかれ、犬の散歩の如く親に引かれ、ある者は兄弟姉妹でつながっている。

あなたのお子さんのための安全ベルト五ペソ（約六五円）——そんな表示と共に色とりどりのベルトが売られていた。笑って見ていたのだが……。

ＮＨＫラジオスペイン語講座の今月号テキストの記事にがく然……。

〈治安の悪いメキシコで強盗や誘拐はよくある話だ（略）。なかでも許せないのが臓器売買を目的とした赤ん坊や子供の誘拐(略)。だから、親は子供と出かける際、犬や猫に付けるような紐を子供の腰に縛り、決して子供から体を離さない〉笑い事じゃなかったのね。

これでもごくごかつうしん

# もしもしあきこRICAちゃん

03年3月11日　16巻10号

## 西山利佳はどうして世界に平和が必要なのかそのワケがわかっちゃった

昨秋、中学生に漢字テストを行えば、「挑戦」と書くべきを「朝鮮」と書かれ、「拉致」は書ける子が異様に多いと気付き、あなた方の会話にも北朝鮮ネタが多いことに、心中ため息をついていた頃、私はふいにふに落ちたのだ。なんで世界は平和であるべきなのかってね。

当人の意志と関係なく、暴力的にある環境に投げ込まれ、とにもかくにもそこで生き抜いていく――それは、人がどういう風に人生を生き始めるのかと言うことを思い出させたのだ。人は皆、この世に拉致されたようなもの……（私は、だから北朝鮮拉致被害なんてたいしたことないとか言うつもりはない。誤解しないでね）。

私たちは誰も、いつ、どこに、どんな環境に生まれるか、自分では選べない。

生まれたらそこがアフガンだった子ら

（仲畑流万能川柳二〇〇二年準大賞句　毎日新聞〇二・一二・五）

つまり、そういうことなのだ。

私は六一年に日本に生まれて、食うに困ることもなく生きているが、確かほぼ同じ年のノーベル平和賞受賞者グアテマラのリゴベルタ・メンチュウさんは、軍政下グアテマラに生まれたばかりに、私がのほほんと過ごしている頃、両親が虐殺されたり、亡命したりしている。

同じ日本といっても、一九四五年八月五日に生まれていたら、たった一日の人生だったかもしれない。

つまり、そういうことなのだ。

人生はものすごく不公平の下に始まる。生まれたところが、たまたまアフガンだったから、運が悪かったね、ですませていいかな。たとえどこに生まれ落ちても、殺される不安のない環境を作ることが必要なんじゃないか。もともと世界は不公平なのに、人の手で、ますます不公平にしてたんじゃいけない。

じゃあ、フセイン独裁下のイラクに生まれることは不幸だから、イラク攻撃して、フセイン政権を倒しましょう、と私は言うつもりはないよ。なぜか。

一、よその国の一部の人間の価値観で、他国の幸福・不幸を計ってはいけないんじゃないか。

一、現在のイラクが非民主的で公正でない社会でたくさんの国民を抑圧しているとしよう。でも私には、空爆された方がマシという理屈が個々人に通るとは思えない。

たとえ話にしようか。

小泉政権が続くと不況に拍車がかかり、自殺者は増え日本国民は苦しむ。しかし、今の日本国民には政権を倒す力がないから、正義の米英軍が助けてあげる。東京に劣化ウラン弾を落としてあげるね。市民の死者はなるべく少なくおさえるからね。まっててね。――って、そんなんいらんわい!

最後に詩を一つ、贈ります。

## 朝がくると

まど・みちお

朝がくると　とび起きて
ぼくが作ったのでもない
水道で　顔をあらうと
ぼくが作ったのでもない
洋服を　きて
ぼくが作ったのでもない
ごはんを　むしゃむしゃたべる
それから　ぼくが作ったのでもない
本やノートを
ぼくが作ったのでもない
ランドセルに　つめて
せなかに　しょって
さて　ぼくが作ったのでもない
靴を　はくと
たったか　たったか　でかけていく
ぼくが作ったのでもない
道路を
ぼくが作ったのでもない
学校へと
ああ　なんのために

いまに　おとなになったなら
ぼくだって　ぼくだって
なにかを　作ることが
できるように　なるために

# 3 自由な風の歌

これでもごくごかつうしん

# もしもしあたしRICAちゃん

03年7月12日　17巻3号

## 一の問二の怪解答

「その時」の指示内容を答える問題だけど、「少女が出かける支度をしていた時」の類が結構多かった。それはものすごくへんなのよ。わかってる? 「その時」に右の答えを当てはめて、本文を読んでみなさい。

少女が出かける支度をしていた時、少女は友だちの誕生祝いに出かける支度をしていただけのことであった。

これでおかしさがわからない人は、重症だよ。

例）先生が不意に教壇を降りて机の間を歩き始めた。ちょうどその時、僕はひざの上に漫画を広げていた。

問　「その時」とは?
答　ひざの上に漫画を広げていた時。

んなわけないだろ！　ひざの上に漫画を広げていた時、僕はひざの上に漫画を広げていたってか?!　頭がへんになりそうだから、やめて。

〝着させてもらう〟人も多かったが、〝着せてもらう〟が正しい。

前者も文法的に誤りではないのですが、すでに使役の意味を持つ「着せる」という動詞があるからねぇ。「見せる」みたいに。

## 長崎の事件に思う。。。。。。

一二歳の子が四歳の子を殺してしまった例の事件のことだ。ここでその詳細を書かなくとも、すでにみんなも知っていると思う。どう思う？　何考えた？　私はこんな事を考えさせられている。

殺された方も、殺した方も、親は地獄だな、と。

それから、事件をめぐる動きで気になったのが、「心の教育」という言葉がすぐに出てきたこと。犯人はどうも地元の中学生らしいという段階で、私が見ていた番組の司会者は「心の教育の重要性がまた改めて問われています」とかなんとか言った。加害者の通っていた中学の校長のコメントの中にも、確かこの言葉は入っていたように記憶している。

心は教えられるのかなぁ。何をどうやって教えるのかなぁ。

少なくとも、教師が「人の命は何よりも重い」と毎日唱えたって、人の命を尊ぶ心が育つとは、私には思えない。（だいたい、教師が教えればなんでも身に付くなら、期末の平均が四五ってことはないだろう。別に皮肉で言ってるんじゃない。それに、「心」は「下一段は蹴るの一語だけ」みたいに単純で割り切れるものではない）

私は人を殺したいとは思わないな。飛行機をハイジャックしてビルに突っ込みたいとも思わない。盗みをしたいとも思わない。たいていの人間はそうだろう。やりたいけど、罰が怖くてやらないのではない。やりたくないのだ。それ以前に、思いつかない。やりたいことはもっと他にたくさんある。楽しいこと、うれしいことを捨てて人殺しとして生きていくなんてごめんだ。では、それを裏返して考えてみると……。

人生には重要な選択の場面が時々やってくる。いかにも大きな分かれ道というなら、こちらも身構えてじっくり考えるかも知れないが、実にささいな小さな選択は頭を通さずに感覚がさっさとやってしまう。

大きな選択の前でも、一見小さな選択の前でも、私たちはとっさに正しい方を選べるか。長崎の一二歳の少年は、決定的にまちがった方を選んでしまった。人生のたくさんの可能性の中で、よりによって殺人者という可能性を選んでしまった……。

よりよい（人として正しい、幸せなetc）選択の底力は、日々丁寧に心を動かして生きることの積み重ねでできるんじゃないかと、なんの学問的根拠もなく、そう思った。考えたり、感じたりする事をやめたらだめだ、きっと。個々人が自分で考え、感じたりするじゃまをして、上から何か教え込んだら、ろくなことにはならない。

これでもこく
ごかつうしん

# もしもし あたし RICA ちゃん

03年10月2日　17巻4号

## 学園祭＆音楽祭 おつかれさまでした〜

合唱コンクール、残念でしたね。本選優勝は逃したものの、ひいき目でなく、予選通過は堅いと思いましたよ。声のバランスが良かったし、選曲も身の丈に合っていて（という言い方は少し失礼だけど）素直にまとまっていて、後半の聞かせどころも力みのない元気さで。ほんとに良かったよ。

### さとうきび畑　どうでした？

異年齢混声合唱団イトロの合唱はいかがでしたでしょうか。ちょうど前日に、明石家さんま主演でドラマをやっていましたが、ご覧になりました？　私はここ数年（古語で言えば「年ごろ」ね）この合唱団の練習から離れておりましたが、年度始めに、「さとうきび畑」をやると知り、是非歌いたいと混ぜてもらった次第。

去年、初めて沖縄へ行きました。米軍が最初に沖縄本島へ上陸してきた読谷に生まれ戦中戦後を生きてきた方の体験談を聞くという仕事で行ったのでした。これは、あと数ヵ月で出版予定の『私たちのアジア・太平洋戦争』（全三巻・童心社）という本に載ります。是非読んで。

さて、その際、インタビュー前に見ておこうと、チビチリガマにも行きました。「集団自決」の場所です。その近辺は、一面のさとうきび畑だったように記憶しています。

## イタリア行ったRICA

アホなタイトルである。でも、一遍頭に浮かんだら、なかなか消えないのである。

この夏休み、イタリアへ行った。以前キューバ旅行を共にした夫の元同僚氏が、定年退職前にさっさと仕事を辞めて、イタリアの語学学校なんぞに行っているものだから、これを機会にと誘われるままに訪れた。

## エピソードⅠ　ボローニャでのびのび

イタリアを何度も訪れている友人たちは、異口同音に言った。「何もないよ。ボローニャ」

もちろん何もなくはない。ヨーロッパ最古の大学を持つこの町は、ポルティコと呼ばれる「柱廊」（中世の重厚なアーケードみたいなもの）で建物は結ばれ、落ち着いた風情の整然とした町だ。大きな大学を擁するためヨーロッパ（世界？）各国からの若者が多く住み、その分いろんなイベントもあって、暮らしていると退屈はしないと聞いた。しかしまあ、駆け抜ける観光客にとっては、確かにこれといった派手な見所はない。（イタリアという国があまりに華やかな観光スポットだらけだから、相対的に「何もない」ということにもなろう）

そんなボローニャに五泊もして、結論から言うと大正解であった。観光にあくせくしなくて良いものだから、心おきなくだらあっと過ごせたのだ。

まず最初に三泊した民宿（B&Bという。ベッド&ブレックファースト）。これが、ほんとにステキだった。民宿と聞けば日本のそれか、どんなに底冷えしても暖房を入れるという発想のないペルーのそれしか知らぬ私たち夫婦。そのあまりのきれいさに呆然。高さ、二mはゆうに越している重厚な木の扉、中世そのままといった風情のそれを開けると、中庭に面した壁がガラス張りで、意外と近代的なのにはっとする。廊下左の白い大理石の階段を上がりいくつか並ぶドアの一つの向こうに待っていた、清潔でおしゃれな民宿。広いダイニング兼リビングの奥がゲストスペースとして一枚のドアで仕切られている。客室二つにバスルームが一ヵ所。それぞれの部屋からは中庭のテラスに出られ、そこにはパラソルと白いテーブルセット。隅々まで掃除は行き届き、そして調度品も趣味よく、ほんとにステキ。

私たちより一日遅れでボローニャ入りした友人家族には小二の男の子と、小五の女の子。うちの子小二の女の子。かくして、そのテラスのテーブルで、子どもたちは算数のドリルや漢字練習にいそしみ、私は世界史でかじったはずのローマ史を文庫本で学びなおすのだった。そして、のんびり市場をぶらついたり、ある日はサンドイッチ携え郊外の川辺に遊びに行ったり、図書館で絵本を見たり、……ちょっとだけイタリア暮らしを味わったつもりになれたのだった。

これでもこくごかつうしん

# もしもしあたしRICAちゃん

03年10月9日　17巻5号

## 鑑賞室　1年A組　清八先生

体育館での上映には行けなくて、ビデオを借りて家で観ました。小二の娘と一緒に観たのですが、ソーラン節に大興奮！　なぜなら、うちの子も、ソーラン節ダンサーなのよ。地元の小学校で六年生がソーラン節を踊り、その勇壮さに感動した親たちが始めた団地内子どもソーラン。下は幼稚園児から、上は中学生、最近はお母さんたちまで加わって四〇人を超す大所帯になっています。それに、うちの子も去年から参加しているの。

　で、ビデオを観ながらいっしょだいっしょだと喜び、「いっしょに踊るー！」と画面の前でドッコイショー、ドッコイショー!!　そして以下のようにのたまいました。

「力が入ってない」「あ、あの人、下向いてたでしょ。ダメなんだよ、前向かないと」「腕はまっすぐ」「笑ったらダメ！」「ドッコイショのところは、手をピンとのばす、ぴんと」——「それを気を付けてください」とのことです。

　それから、仕事柄気づいちゃったのだけど、

「裏の公園にきてくださぁ～い」になってたよ。チョークで飾り文字にするから書き間違えただけだと思うけど、念のため。うらは裏です。

## イタリア行ったRICA

**エピソードII　ナポリでドキドキ**

　ボローニャから南下してナポリに三泊した。泊まったのは、某ガイドブックによると「大通りからのぞくだけにして、入らないこと」と注意されている地区のプチホテル。いやしかし、これがまた素敵なホテルだったのだ。隅々まで品よくこってて雰囲気はアンティークながら、エアコンその他最新設備（ここんとこ重要

なのだ。キューバで泊まったコロニアルスタイルの歴史あるホテル、ロビーなどため息の出る立派さなのだが、設備は築一二〇年相当。部屋は暗く、トイレの水は流れず、お湯も出ず……。パソコンも只で使い放題。朝食も充実。セキュリティーも万全。

窓を開けると、庶民の生活がすぐそこ。朝七時に教会の鐘が聞こえ、日曜礼拝の声だろう、七時半頃聞こえてきた歌声。そして、漂う甘い香り。ボローニャの民宿では三〇代オーナー夫婦の働き者マリアさんが、毎朝二種類（日替わり）のケーキやお菓子を手作りしてくれていた。きっとたいていの家庭で朝、ケーキが焼かれるのだ。だから、朝は甘い香り。夕方はオリーブ油とにんにく、バジルの香りが漂う。そんな音と香りに包まれて小さなベランダに洗濯物を干していると、これまたちょっとイタリア暮らし気分なのだった。

さて、治安上の評価すこぶる悪いナポリではあるが、幸いなんのトラブルもなかった。そりゃあ、「もっともスリが多い」路線バス（ぎゅうぎゅう詰めの）に乗るときは、さすがに緊張はしたけれど、「今バカンスだから、スリの連中もいませんよ」と案内してくれる件のおじさんの弁を信じることにして……。

ナポリでのめっけものは、結婚式に居合わせたことだろうか。ふらりと入った教会。外観は港の倉庫のごとき地味さなのだが、意外にも内装は豪華。びっしり装飾が施された天井や壁に首を巡らせていると、なにやら正装した男女が次々と入ってくる。

もしや、結婚式では？　と言い合っている内に、正面の祭壇に灯がともり、正面入り口の大きな扉が開かれ、赤い絨毯が敷き延ばされ、本格的な撮影機器を担ぐ男たちが入って来て……目の前でとんとん準備は進み、そして、にっこりと笑む美しい花嫁と、緊張のせいだろう傍目にも堅くなっているお父さんが、パイプオルガンの生演奏の下、すぐ横をしずしず歩いていった（ぴしっとスーツに身を固め、その上サングラスをかけているイタリア男たちが、みんなマフィアに見えてしまったということもここに正直に告白しよう。ついでにつれづれ……何年か前のこと。要町の駅から学校に向けて歩いているとき、黒塗りの車に行き合った。門の前に横付けされたその脇に、黒づくめの男が数人並んでいる。やや、これは、その筋の方々か、と思っていると、車から出てきたスキンヘッド。おおっ、組長のお出ましか。続けて現れた……袈裟（けさ）。お坊様でした。今も忘れぬ、無駄な緊張の朝である）。

これでもごく
ごかつうしん

# もしもしあたしRICAちゃん

**03年12月4日　17巻6号**

## 金八先生とバトル・ロワイアルと羅生門。そして・・・・。

前号で、書き落としていたことがある。

『バトル・ロワイアル』の担任は坂持金髪（さかもちきんぱつ）とかいって、金八先生の皮肉なパロディなのだよ。知ってた?

一九九九年出版の『バトル・ロワイアル』（高見広春作、太田出版）。中学三年の一クラス四二人が、最後の一人の生き残りをかけて殺し合いをさせられるという小説。

誤解を恐れずに言えば、私はこの作品に、ある種の前向きさ（?）を感じたのだった。

だって、否応なく投げ込まれた状況の中で、みんな生き抜こうとするのだもの。唯一の例外として、その狂気のゲームから降りると決めた恋人同士の二人が、手に手を取って崖から身を投げる。もしも登場する中学生たちが、全て、そんなにまでして、生き残っても仕方ないと、自ら死を受け入れたら、それはそれで、寒々と怖い話になるのではないか。

話は「羅生門」へと転ぶ。

小説は極限状況の中に人間をぶち込んでみせる。その中で、人が持つ善悪を超えた可能性を暴いてみせる。すぐれた小説がその虚構の中であらわにした可能性は、私たちが人として秘めている可能性でもあるのだ。

下人の心理は、私たちの心理でもある。

下人の行動は、私たちの行動でもある。

では、どうする。一つの感想を読み返そう。

> 私は生きていくのに困っていないから、下人のことをやだなと思うけど盗人になるしか生きていけないなら、下人みたいになってしまっても

仕方ないのかもと思います。下人が悪いというより荒れ果てた?時代なのが悪いんじゃないかなど思いました。

個人の責任を抜きにして、何でも時代（社会）のせいにするというのとは違うよ。死ぬか生きるかの状況の中では、人は誰でも生き抜くために悪を為す可能性がある。そういう視点を持っておくことは、実社会を生きていく上で大切な事だと思う。

ここで私はイラクを思う。

今のイラクは、今の日本に比べてずっとずっとシビアな極限状況にあるだろう。そこへ自衛隊が武器を持って乗り込んだらどうなるか。なぜ、武器を持っていくのか。戦闘するためではない、身の安全を守るためだと言うのだろう。つまり、身の安全を守るために、イラク人を殺してしまうことは可能性として大いにあり、なのだ。

自衛隊と呼ぼうとなんと呼ぼうと、対外的には日本軍だわな。（某都知事は、「日本軍は強いんだから」と言っていた。言いたい放題だね）国から仕事として送られた者が人を殺せば、それは個人的な殺人ではない。

自衛隊員の発砲でイラク人の男が死ぬとする。その男の娘は思うのだ。お父さんは日本人に殺されたと。そしていつかどこかで、私がその娘と出会ったら「お父さんを殺した日本の人」という目で見られるのだろう。私は引き金を引いていない。私は小泉を首相に選んだ覚えもない。自衛隊の派兵にも反対だ。でも、私は「日本人」のレッテルで束ねられる。なんと不当な、と思う。しかし、選挙権を持って久しい私は、やはり責任の一端を負っているのも確かなこと。

あなた達は選挙権もない若さだ。でも、外へ出れば「日本人」を背負わされる。場合によってはテロの標的として……。不当だと思わないか?

賢くなれ若者よ！　殺すのも殺されるのもごめんだと突っぱねよ！

（〇三・一一・三AM一：三〇）

これでもこく
ごかつうしん

# もしもしあたしRICAちゃん

04年3月10日 17巻9号

**期末テスト 一の問二「考える人」の作者は、という問の解答が面白かったので集計してみました。**

一位（一二名）正解のロダン
二位（一〇名）無解答
三位（九名）パスカル
四位（二名）ダヴィンチ

他、各一名の解答が……ルソー、フランソワ、ミケランジェロ、プラトン、ダーウィン、レオナルド、ひっしゃ、ドルチェ、ロデオ、ドコルテス、ニコールマンって、誰や？

**最初で最後なのに新コーナー 作ってどうする?!**

## 今日のとりびあ

▽「カッターシャツ」「ボストンバッグ」「ポロシャツ」などは、――スポーツ用品の〝ミズノ〟の創始者水野利八が大正七（一九一八）年に開発命名したものである。補足＝野球の試合で応援の人たちが「勝ったー勝ったー」と喜んでいるのを見て、そうだ「カッターシャツ」と言う名にして売ろう！ と命名したのだという。

参考）佐藤一美著『野球ボールに夢をのせて――スポーツ産業とスポーツ振興につくした水野利八』（PHP出版）

## イタリア行ったRICA

**エピソードⅣ イタリアでしみじみ**

旅行中、ある曲のあるフレーズが何度も耳の底に響いた。みんなは当然知らない曲。Pobre mi patria Bolivia（ポブレ・ミ・パトリア・ボリビア）、直訳すれば「かわいそうな私の祖国ボリビア」という歌詞がそれ。私はボリビア人でもないし、人の国を「かわいそう」扱いするなんて失礼な話だが、実際何度も何度も心の中で口ずさんでいたのだ。

フィレンツェやナポリで見かけた物乞いの身なりがいい。そりゃ、一回の旅行者が垣間見たところでその人の生活の苦しさなんてわかりはしない。そのくらいのことは承知の上で言う。ラテンアメリカ諸国はやはり貧しいよ。世界の不公平を改めて知ったという感じ。

ポンペイでも思った。二〇〇〇年ほど昔の都市の廃墟は、はっきり言って現在のラパス（ボリビアの実質的な首都）郊外よりよっぽど立派な街だった。なんか、がく然としたね。

それからもう一つしみじみと思いを馳せたのが移民の哀しみ。

九八年にアルゼンチンを訪れたとき、友人の友人が操縦するセスナに乗ってラプラタ川の河口を見下ろした事がある。茫漠と広がるその光景に、ふいに涙がこみ上げてきた。ヨーロッパからはるばる移り住んできた人々はどんなにか心細かったろうと、一瞬リアルに胸が詰まったのだ。

今回ローマでその時の感覚がよみがえった。ローマには街中いたるところに、二〇〇〇年以上前の遺跡がそのまんま残っている。キリスト以前だよ。途方もない。例えばコロッセオ（円形競技場。ぴんとこない人は世界史の資料集を見よ）、あの目立つ建物は二〇〇〇年以上もローマのど真ん中に変わらずあるんだよ。あの街で代々生きてきた人は、百年前も千年前も二千年前も同じ建物のある風景を見ているんだよ。

そんな土地に生まれ育った人が、遠く海を渡って全く見ず知らずの縁もない土地に移り住むということは途方もなく頼りないことだったはずだ。くらくらするような思いで、しみじみそう思った（アルゼンチンはイタリア系の移民が多い。そのせいか、うまいパスタやピザが多い）。

音楽から次第に深みにはまって、今やものを考えるときの足場の一つでもある南米。高校時代自分がスペイン語を学んだり、実際かの地を訪れようとは夢にも思わなかった。でも、最初の強烈なきっかけとなる出会いは高二の時なのだ。今思えば、ルーツはそこに遡れる。

あなたたちも、ずっと先で自分を決めていく何かに、それと知らずに今、出会っているのかも知れないよ。

これでもこく
ごかつうしん

# もしもしあたしRICAちゃん

04年5月20日　18巻1号

みなさんに出会った四月一二日、イラク人質事件の出口も未だ見えぬ中、人質にされた一人は皆さんとほぼ同い年だし、どう思う?と問いましたよね。

あれからまたいろいろいろいろあって、私もいろいろいろいろ考えた。ぐるぐるぐるぐる考えた。そのいくつかを書きたいと思う。要領よく書けるだろうか。ともかく書いてみる。読んで欲しい。

## 文章を正確に書くことは正確に考えること。ということについて。

先のアンケートは限られた時間の中雑多な問の一つとして問うたので、緻密な文章でないことは致し方ないと思う。ただ、何人かの書き方に共通したもの言いがあったので、見出しのようなことを考えた。

**曰く、「人質になった人たちも覚悟していたと思う」**

この文には目的語がない。

何を覚悟していたのか。殺されること?

問題はこの先にもう一つある。仮に「死ぬようなめに遭うかもしれない」と「覚悟」していたとしよう。じゃ、だから、なに? 覚悟していた人は殺されても構わない? 殺されそうになっても怖くない? 自衛隊員なんて、それこそ「覚悟」して行っているのだろうが、だから、殺されてもいい?

書きかけの文章を正確にしてみよう。そうしたら、自分が何をどう考えようとしていたのかが見えてくる。どう考えていきたいのかが見えてくる。

自分の考えに責任が持てないとき、持ちたくないとき、自ずと文章はあいまいになる。自分への戒めとして、みんなへの助言として書いておく。

## 主語の問題など

先のアンケートでやはり共通していた感想に、

**イラク人のためにボランティア活動をしている人が、どうしてこんな目にあわなきゃならないのか**

という類の疑問があった。

　答えは簡単だ。日本人だから（では、日本人だとなぜという問題は今ここで解説している余裕はないので、あとで聞いてください）。

　人質に取るという暴力も、空爆、無差別攻撃という暴力も、名前を持った確かなある一人の人間という存在を黙殺する。○○人であるだけで、十分な攻撃理由となる。ここで責任ということも考える。

　人が責任をとれる範囲、取るべき範囲は、自分を主語として成り立つ行為に限られるのではないか。私が行ったことに私は責任がある。

　では、現在日本政府が行っていることに、私は全く責任のない立場にあるかというと、それは違う。現在の日本は民主国家だ（はずだ）。選挙で選ばれた代表に国の運営を託している以上、この国のありようの責任の一端は私にも確かにある。だからといって、当然ながら、全ての国民と国の意志が同じになるわけではない。

　アメリカだって同じ。例えば、9・11の被害者遺族で「私たちの家族の死を戦争に利用しないで」と反戦の声を上げている人たちもいる。

　私たちは考えるときの根っこが必要だ。その際に主語を確かにするということはかなり有効だと思う（みんなの書き方に「私」という主語があまり感じられず、すごく他人事っぽい書き方が冷たく感じて気になった）

　その際、「日本人は」とか「イラク人は」とか、そういう言い方に懐疑的であることが重要ではないか。あくまでも一人一人が大切にされることを価値の基準に置いて考えるべきではないか。

　自己責任（ジコージトク）だなどと理屈を付けて命が見殺しにされたら困る。一人一人の弱い存在（尊い存在）をなんとかかんとか理屈を付けて見殺しにする事は認められない。だって、なんとかかんとか付けた理屈で、いつかきっと私が、私の大事な人たちが見殺しにされるから。

　そう、ものをいうとき考えるとき、決して弱者の側に身を置かないやり方もある。でも、私たち一般庶民はいつだって切り捨てられる側なのだ（見てごらん、ブッシュは生きているが、米兵は次々と死んでいる。フセインも生きていたが、イラクの子どもはいったい何人殺された？）どういう立場で誰が何を言うのか。

　かくして私西山は国語の先生として思うのだ。正確な読み書き能力は生きていくのに必要な力だ。

　どうにもうまく書けなかった。書きたいことはこの数倍あるのだが・・・。

これでもこく
ごかつうしん

# もしもし あたし RICA ちゃん

04年11月22日 18巻5号

ご無沙汰しております。誰からも「出さないの?」と言われないのに、勝手にひとりで「書かなきゃ」とプレッシャーを感じている「RICAさん」です。ようやく意を決して四時起きでペンを執ったとです。…RICAさんです。RICAさんです…

香田証生さんがイラクで殺されてからもうすぐ一月経つ。彼が彼であるが故に殺されたわけじゃない。「日本人である」が故に殺された。別に西山利佳でも構わなかったのだ。私が殺されて、彼のように星条旗で包まれたとしたら…死んでも死にきれない。幾重にも痛ましい。

彼が殺害されたとはっきりした日か、その翌日か。帰りの電車の中での二人の若者の会話である。

A「なんか、家族の人、謝りすぎじゃね? 怒ってもいいんじゃないの?」

B「電話とかあるらしいよ」

A「あんな、謝ってると、見てて悲しくなってくるよ(笑)」

実のところ私はニュースを見るのもうんざりしていて、目をそらしていたので、その様子は見ていないのだが、何のことか察しはついた。そして胸中密かに、青年Aよ、あんたの感想は正しい、わたしもそう思うよと共感した。

## 「ぺこぺこしなくていい社会になるといいですね」

「光とともに」というタイトルだったか、自閉症の小学生光君をめぐるTVドラマがあったよね。観てましたか? 私はほとんど観ていなかったのだが、たまたま観た最終回に、右の台詞があったのだ。

他人の家に入り込んだ光君を引き取りに行った母親

と、光君の担任。二人は平身低頭ひたすら謝る。すると、和服姿の厳しそうな感じの庭の主がぴしゃりと言う。「私は、謝られるのは好きではありません」（実に不正確な記憶によるが）と。一瞬顔を見合わせとまどう二人。

そこへ、庭の主の件の台詞が入る（これは、「世の中」と言わず「社会」というどちらかといえば、硬めの単語を使ったのにはっとしたこともあり、確かに胸に刻まれメモも執ったので確かだ）。

「ぺこぺこしなくていい社会になるといい」

そうだ！　そうなのだ。それは、私も常々感じていたことなのだ。

今の日本は「ぺこぺこしなきゃいけない社会」だ。混んだ電車に乗れば、よくわかる。年寄りや赤ちゃん連れが、どんなにぺこぺこしながら席を譲られているか。譲る方も、過剰なほほえみと優しげな言葉を連ね、譲られたらまた過剰に感謝と笑み……。

感謝も笑みも必要だよ。もちろん。でも、もっとあっさりいかんのかね、とうんざりすることはない？　私は、ある。しょっ中だ。そして、その一見暖かなやりとりが、攻撃からの防御であるとも見え透いて、やりきれなくなるのだ。ぺこぺこしている相手には寛容にふるまうが、相手が一旦対等に堂々とふるまうと、とたんに「生意気」「ずうずうしい」と攻撃が始まる。卑屈と高慢は表裏一体。人質バッシングで露わになってしまった、日本社会の暴力性……。

ぺこぺこしなくていい社会になるといい。

## CM天気図　天野　祐吉　おいしさに壁はない

朝日 '04.11.18

国境なんてものを作った人間の愚かしさについて、以前、住井すゑさんが、こんなことを言っていた。

「飛行機で飛ぶということは、人間も鳥のようになったということでしょ。鳥のように自由になったのなら、鳥の自由も手に入れなくちゃ。渡り鳥は移動のときに、いちいち旅券もいらないようだからね」

そうなのである。野ウサギが国境を越えるとき、パスポートを見せながら走っていったなんて話は、ぼくも聞いたことがない。

ま、国境という壁も、近ごろはかなり低くなってきた。が、それでも、人種とか宗教とか、相変わらず人間は壁をつくったり線を引いたりして、次々にモメゴトを起こしている。

が、その一方で、そんなのよそうよと言いつづけている人もいる。日清カップヌードルである。

広い荒野に延々と引かれた境界線に、両側から大勢の人たちが駆け寄り、線をはさんでにらみ合う。が、境界線と見えたのは、実はずらりと並んだカップヌードルで、ひとりの少女がそれに手を出したのをきっかけに、みんなが次々に手を出して食べはじめ、境界線はたちまち消えてしまう。人びとの笑顔をバックに、“NO BORDER”（境界なし）という文字が現れる……。

という第1作にはじまって、いま流れている“老人と少年”編まで、ことしのカップヌードルは“NO BORDER”と言いつづけてきた。

「たかがカップヌードルが」なんて言ってはいけない。“おいしい”というのは人と人をつなぐいちばん素朴な感覚で、だからこそ強い。げんにカップヌードルは、世界の各地でたくさんの人に愛されている。

おいしいものの前には、まさに国境も人種も消えてしまうわけで、思えば終戦直後、ぼくが“にっくきアメリカ”を許す気になったのも、GIがくれたチョコレートの力だった。

というわけで、もともとは緑と水でおおわれていただけの地球に、壁を立てたり、線を引いたりしてきたのは、ひとにぎりの人間たちの勝手な都合によるもので、そんなものはないに越したことはないのだ。

もっとも、そんな壁や線はあるのが当たり前と、どこかで思いこんでしまっているぼくらの常識の壁もまた、けっこう厚くて固いんだよね。（コラムニスト）

これでもこくごかつうしん

# もしもしあたしRICAさん

¡Feliz Navidad!

18巻6号・'04年12月16日
編集兼発行人・西山利佳

期末テストお疲れさまでした

## 現代文（90点満点の）3D平均"52"点也

本日一時半までに読書感想文が届かなかった場合素点をそのまま得点とすることになります。

さて、「私は魚か？」ではないけれど、私もまた、マリー・アントワネットを嘲笑う資格など持たない一人だ。他者のことを「自分の血で想像することができない」ということ。

期末テスト初日のこと。

私は、単に、三時間めがカットになるかもという可能性に、"ラッキー"とかほざいておった。"人身事故"ということは、人の生き死にがかかわることだと言うのに、である。思いもせず、それが身近な死だったことを知り、冷水を浴びた私のお気楽想像力……。

私は直接その子を知らなかったから、それでもまだまだ遠い死だった。

でも、家族を始め、身近な人たちが、いまどんな嵐の底にいることか、私にできることは、一生懸命、思いを寄せること。

そして思い出した詩があるので、ここに紹介する。

"その時"（そのできごとが身近なとき）は、いろいろいろ感じ、考える。しかし、"のど元過ぎれば熱さ忘れる"式に、すぐにその思いや感覚は遠くなる。

遠くなる、忘れる、にまかせるか。

それに抗い、記憶しようと努めるか。

大庭みな子氏同様、私も"魚"より"人間"でありたいと思う。

この気ままな通信は、忘れやすい私のための記録でもあるのだ。

ともかく、遺された人の悲しみが、いつか優しくおだやかな記憶になることを祈りつつ、合掌。

進路が決まった人と、まだ決まらない人と、誰がどうなのかほとんど知らないが、ほっとしてる人、たまにはほっと息ぬきしたい人に、少々読書案内。

## 風野潮『ビートキッズ』（講談社）

『同Ⅱ』―ひと言で言えば、ウォーターボーイズ＋スウィングガールズ＋吉本興業。笑いあり涙ありの浪花のドラマー少年物語。リフレッシュにぴったり。（今、職員室にあるので貸せます。）

そうそう、映画化されるみたいです。

映画と言えば、すっかり時間ができた人には、ずっと……。今年度の私の生きがいのひとつだね。（って、そこまで言っていいものかどうか…???）

## ホームで

高木あきこ・作

塾行きのデイパックをしょって／ホームで　電車を待っていると／ふきあげる風が／焼きたてのパンの香りを運んできた

うーん　いいにおい　元気がでちゃう／駅の階段下のパン屋さんだな／こんがり　ふっくら　なにパンかな／いま　おやつを食べてきたのに／おなかがキューンとさいそくする／こら　がまんしろってば！

なかなか　電車が来ないと思ったら／スピーカーからアナウンス／――ジンシンジコがありました／電車はぜんぶ　とまっています――／「とびこみ自殺だわ……」／となりに立ってるおばさんがつぶやいた

涼しい風がふいてきて／また　ふわあと　焼きたてのパンの香り

こんなにやさしいにおいがあるのに／どうして　人間は／自分から死んだりするのかな／同じ地球の上／食べものがなくて死んでいく子が／いまでもたくさんいるって聞いたよ／その人　自殺しようと思ったとき／焼きたてのパンのにおいを／思いだしてくれるとよかったのに……

電車の来ない線路は／たいくつでさびしそう／だまって光って／ジンシンジコのほうへのびている

――『詩華集 いのち』所収
（『わたしのぽえむノート』
『日本児童文学』'04年5・6月号より）

**高村薫『レディ・ジョーカー』**

上下二巻の重厚な大作ですが、その長さ故に描きこまれる人間模様がいい。何年前だかの夏、この作品を読んで、実際にこの事件が起きた一夏のような気分になったものです。

**上橋菜穂子『守り人』シリーズ**

『精霊の守り人』以下続行中の偕成社刊のファンタジー。翻訳ファンタジーが目白押しの最近ですが、この文化人類学者によるファンタジー、いいよ。国や歴史や伝統や、戦いや、個人の幸せや、経済にも考えさせてくれ、体の底に人と人のつながりのあたたかさをじんわりと伝えてくれる秀作です。

では、インフルエンザなんかにつかまらないように気をつけて。卒業までの日々をお大切に！

サクラサクを待ってるでアリマス
毎週土曜 10:00～
東京12チャンネル放送
「ケロロ軍曹」って知らないよねえ。


（イラスト・吉崎観音）

土曜も授業だものねえ。私も授業だ。しかし、ビデオに撮ってまで見てきたのだよ。この4月以降す

## 【番外編】二〇〇四年ＲＩＣＡさんの憂うつを救ったテレビアニメ「レジェンズ──甦る竜王伝説」

二〇〇四年の春、私は憂うつだった。例の「イラク人質事件」である。「日本人」ということで、国の代償を求められる理不尽。我が国の首相は意に添わぬ国民の命を守る気はないという事実。大勢の尻馬に乗って吹き荒れる匿名の暴力。そして、人質にされた三人の若者の無事を祈るばかりで、何の行動も起こさず、憂うつの嵐にもまれていた不甲斐ない私（思い返せば、我が家の憂うつは二〇〇三年秋から始まっていた。東京都教育委員会が出した、卒業式その他で起立して「君が代」を歌わねば処分するという脅迫「10・23通達」のせいだ。我夫は都立校の教員である。並行して、自衛隊の「イラク派遣」の憂うつもある。そう、ことはリンクしている）。

そんな四月に放送が始まったアニメ「レジェンズ──甦る竜王伝説」（以下、アニメ作品をさす場合「レジェンズ」と記す）。前ページの「ケロロ軍曹」同様、毎週毎週、しばしの憂さを忘れさせてくれるギャグの世界に、かなり入れ込んだ。そして、思い返せば、すがるような気分で、ある意味必死で視聴を重ねていった。

たかがアニメに?と呆れるなかれ。

### 9・11以降の世界と「レジェンズ」

ものすごく大ざっぱに言えば、レジェンズとは、ポケモンみたいなものである。アニメ「レジェンズ」は、伝説のレジェンズを司る人間として選ばれた四人の子ども（シュウ・メグ・マック・ディーノ）が主人公の、ギャグテイストのゲーム的アニメ、と言えば良いだろうか。毎週、現れる敵は、カニだ、タコだ、ワニだ、ネコだ……。ギャグにしたって、いっこうに世界の全体像（今風に言えば「世界観」）が見えてこないし、いい加減、これはどういうアニメなのだと不安になり始めた夏、「レジェンズ」は、その世界像を露わにし始める。

物語が直線的に動き出す節目となった回のラストシーンが忘れられない。植物園の大きなガラスの温室の中。天井の一部のガラスが割れ、風が吹き込んでいる。その風に吹かれながら言葉もなく灰色の空を見上げる主人公の子どもたち。なんと象徴的なシーンであることか。何か恐ろしいことが起ころうとしていて、しかも、自分たちもそれと無関係ではなさそうだ──これは現代を生きる子どもの、私たちの不安そのものではないのか。以降、開始当初およそ三ヵ月もの間、間抜けな敵と切迫感のないのんきなバトルを繰り返していた「レジェンズ」が、深刻な坂を下りはじめる。しかも、それは、私がしばし忘れたかった現在進行形の世界の憂うつとひどくシンクロするものだった。

一〇月一〇日の回で、「レジェンズ」の現在性はますますはっきりした。人々を恐怖させ、レジェンズへの憎しみをあおる（そう、憎しみの増幅をたくらむ勢力がいたのだ）には子どもを襲うのが有効だと、学校が襲われる。私は、ほんの一月前、九月一日の北オセチアで起こされた凄惨な学校テロを思い起こさずにはいられなかった。作品は「レジェンズウォー」と呼ばれる最終戦争に向かって、加速していく。エンディングテーマの「どうにも止まらない」が、意味を持って立ち上がってくる。

そしてついに、舞台がニューヨークであることの必然性が明らかになったとき、あまりにも、みごとな設定（批評性）に驚愕した。人々の恐怖と憎しみを糧に、世界を滅亡へと導くモンスターが成長するのだが、それを再生させる「タリスポッド」というアイテムが、自由の女神の手に高々と掲げられていたのである（このアニメの基本（?）は、水晶のようなものに封印されているレジェンズを、「タリスポッド」と呼ばれるソフトクリームのコーンのような形の道具で「リボーン」させることなのだが、アニメと玩具の提携の例に漏れず、これもしっかり売られていた）自由の女神の天に差し出す手の先に、黒々としたエネルギーが呼び寄せられ増幅していく。

「シュウ・マツタニ」というハイテンションの日本人の男の子が主人公で、無国籍的舞台でもよさそうなのに、どうしてはっきりとニューヨークなのかいぶかしく思っていたのだが、ニューヨークでなくてはならなかったのだ。

## 「レジェンズ」の挑戦

「レジェンズ」は現実逃避させてくれるアニメではなかった。それどころか、9・11以降の世界の現実に挑戦しているアニメだったのだ。「レジェンズ」はどこへ行くつもりなのか、目が離せなくなる。

何といっても目を見張ったのは「おとなたち」の行動だった。

自分が作りたい、本当に子どもを喜ばせるおもちゃを作ることにしたシュウとディーノの父。上から言われた仕事だからと、毎度毎度シュウたちを襲っていたが、自分たちは何をやらされているのだろうと疑問を持ち始め、遂に「ダークウィズカンパニー」を辞職して、父たちのおもちゃ工場へ合流する敵キャラ「BB」と「J1」「J2」。おとな達が「仕事だから」で、自らの倫理観や思考を麻痺させることへの痛烈な批判と、それをやめたときに広がる希望が形となってここにある。主人公に敵対するのが会社組織で、指令が「総務さん」から伝えられるという設定がこの作品の笑いのツボの一つだったのだが、それは同時に鋭い棘を持った批評性でもあったわけだ。

「なんかこれ地味な作業ですね」

「いいのよ。今は私たちがやれることをきちっとやれば！」

元敵「BB」と「J1」「J2」が、あふれかえる敵方レジェンズを回収しながらの会話である。私は、このさりげないやりとりに胸が熱くなる。世界規模の大きな不安の中で、メグのように「わたしには何もできない」と悲しむ私たちに、それは地に足の着いた希望だ。そして、長すぎる助走にも見えた最初の三ヵ月で登場したレジェンズたち――その回限りと思われた彼らが再登場し、それぞれのやりかたで闘う。これは実に感動的だった。それを物書きの知人に話すと、「アニメだからできること」と言われた。なるほど、視覚的に造形されたキャラクターたちはたった一度しか登場していなくても、なんの説明もなしに突然画面に同時に再登場して、「あのときのみんな」であることを伝えることができる。でも、こんな児童文学もあればよいのに、などと思う。

さて、みんなが地道な闘いを繰り広げる一方で、肝心の主人公「シュウ」は母親が黒水晶に固められたことのショックで心を閉じてしまっており（シュウが閉じた状態は、リアルタイムの視聴者にとってとても長く冷たい沈黙だった）、マック、メグ、ディーノは敵の牙城に「保護」という名の幽閉状態だった（ところで、彼らが隔離された部屋は、「千と千尋の神隠し」の坊の部屋を連想させた。保護の欺瞞への批判が込められているのかも知れない）この物語の中心人物である四人の子どもがこのように閉ざされており、一方で脇役でしかないたくさんのキャラクターがそれぞれのやり方で闘う。ここでは、ヒーローに頼らない物語のあり方が模索されているのではないか。私はそこに特権者に頼らない「ふつうの人々」が動かす世界まで、夢想してしまう。

しかし、結局は始まってしまったレジェンズウォー。始まった戦争を止めることはできるのか。このアニメは、この悲痛な問いに、まだ見ぬすてきな解決法を見せてくれるのではないか……。

だから、レジェンズウォーの火蓋を切るドラゴン「シロン」の咆哮以前に時を戻すという荒技には、失望した。始まってしまった戦いは、止めることはできないのか……。そして、結局は元敵役「ランシーン」の自己犠牲で難を逃れてしまったラスト。私には、敗北であり、挫折であると感じるのに十分な結末であった。

## ギャグは世界を救う……たぶん

それでも私は「レジェンズ」に希望の種を見る。それは、たらい。シロンの咆哮（最終戦争の火蓋を切る合図）を阻止する仕上げとして、光のレジェンズというものが都合良く（！）登場し、鎧に身を固めたシロンの頭にたらいを落とした。すると、シロンの鎧はあちこちはがれ落ちる。そうだ、戦争に対抗できるのはたらいだ。

ディーノをトラウマから救ったのは、シュウが作った、レゲエ風すちゃらかブルースといった感じのレジェンズクラブの歌だった。土のレジェンズ「ガリオン」がどんなに切々とレジェンズの運命を説こうと、「語るねぇ給食委員」ですませるシュウ（シュウは、世界の危機の前で、レジェンズクラブを作って、○○委員を指名し、小学校の学級サイズにことを置き換えてしまう）。CWニコルならぬGWニコル。数え上げればきりがない。硬直したまじめさは、大義の元では戦いへ一直線に進んでしまいかねない。基本がギャグのこの作品は、そこへがらんと落ちてくるたらいそのものだったのではないか。たらいは——ギャグは精神の武装を解く鍵をにぎっている！

大まじめに語ってしまったが、とにかく面白かったのだ（従来の物語に揺さぶりをかけるおもしろさは、本当に刺激的だった）このアニメ、破綻だらけだったと言ってもいいのかもしれないけれど、二〇〇四年の問いと模索があった。大げさに聞こえるだろうけれど……。こういうアニメがあると、日本は大丈夫と思える。甘いかな。

ともかく、憂うつの霧をはらすきっかけをもらったのは確かなのであった

# もしもしあたしRICAちゃん

05年6月28日　19巻3号

**まずは、この記事を読んでちょうだい。**

青学高等部

## ひめゆり学徒隊の話題材に
## 英語入試で「退屈」

青山学院高等部（東京都渋谷区）が2月12日に行った一般入試の英語の中で、沖縄県への修学旅行でひめゆり学徒隊の女性から沖縄戦の話を聞いた生徒が「退屈で飽きた」と感じたという趣旨の英文を出題していたことが10日、分かった。同校の大村修文（おさむ）部長は「非常に不適切な問題だった。申し訳ない」と話している。

同校によると、英文は生徒が書いたものではなく、同校の教諭が試験用に作成した。沖縄県で生徒は、防空壕（ごう）に入った後、ひめゆり学徒隊の女性から体験談を聞いて「退屈で飽きた。彼女が話せば話すほど、私は防空壕で受けた強い印象を失った」と感じ、「（女性が）いろんな場所で証言をしてきて、話し上手になっていた」との感想を書いたという内容になっていた。

そのうえで「なぜ筆者は聞いた話が気に入らなかったのか」という問題を出し、「彼女の話し方が気に入らなかった」という選択肢を正解として選ばせていた。

### 沖縄知事「がく然」

沖縄県の稲嶺恵一知事は10日の定例記者会見でこの問題に触れ「がく然とした。ひんやりとしたものを感じるしショックだ。ひめゆり（学徒隊）のみなさんは多くの人に体験を話すことで平和な世界にする努力をされてきた方々。そのご苦労と気持ちを理解してほしい」と述べた。

（毎日新聞 '05・6・10）

この記事の三日後、同紙では、青学高等部の部長たちが沖縄を訪れ謝罪したとある。

私はこの出来事に無惨なものを感じてしまった。体験の伝達が抱える難しい問題を、非難と謝罪で封印してしまいはしないかという懸念。

一つは単純な問題として、入試の問題として、悪くないんじゃないかな、もしかして、というのが私の感想。英語の長文読解にしても、国語の現代文の読解問題にしても、往々にして、本文を正確に読みとれないまま、一般常識とか自分の感覚で答えを導き出す。私自身結構そのクチだったので、あなた方にもみられるこの手の失敗がよくわかる。青学の件の問題だと、「戦争体験を聞く↓感動・衝撃を受ける↓平和への思いを強くする」といった読書感想文に使える安直なパターンでは正解にたどり着かないんだよね。ひめゆりの体験を聞いて「退屈」とは、普通思いつかないでしょ。その点、本文を正確に読みとる力があるかどうかを問うには、多分有効だったと思うのだが、どうだろう。

しかし、マスコミが動いたのは、そんな論点のためではないことは明らかだ。私が考え込んだのも、この点ではない。

二年生はまだやってないけれど、現代文の教科書にある「聞くということ」が関わる。三年生諸君は思いだしてほしい。

話す側は、受け止めてもらえず傷つくこともある、そんなリスクを抱えていても話す（語る）のだった。辛い体験ほど、語りにくい。語りたくない。それをあえて語るのだ。それを「退屈で飽きた」と（たとえ架空の感想文だとしても）書かれては、それはやはり傷つくだろう。

しかし、この架空の感想文は、ただ無神経でバカ正直なのではなく、なかなか重要な指摘をしている。「防空壕で受けた強い印象」を失わせた理由を「（女性が）いろんな場所で証言をしてきて、話し上手になっていた」事を上げているようなのだ（記事からはそう読める。そう読むと選択肢の正解はアホである。選択肢は、相対的にまともなのを選ぶしかない意地の悪い作られ方もするからそうなったのかも知れないが、記事で知る限り、これはいただけない。批判が生じたのもこの点が大きいのかも知れない）。

辛い、すさまじい体験は、まず、言葉にならない。ぷつぷつと途切れ、ぽつりぽつりと語られる話は、語っている本人にも整理がついていないから、きっと話としてはわかりにくい。だが、それ故に迫ってくる生なリアリティや重さもある。

「話し上手」になることで、失ってしまうものもあるのだ、きっと。おそらくそれは、語り部の側でも、自覚し苦悩していることであるはずだ。

だから、これは無神経で想像力のない「戦後生まれ」のヤマトンチューｖｓ戦争体験者のウチナーという、謝ったり責めたりの関係で終わらせてはいけないのだ。

これでもこく
ごかつうしん

# もしもしあたしRICAちゃん

05年7月11日　19巻4号

さて、夏休みが明けると二年生は修学旅行ですな。行き先は韓国。そこで、ちぃと気が早く見えるかもしれないが、今回はその辺をネタにRICAさんです。

## あんにょ〜ん

私も一度だけだが行ったことがある、ソウル。ほんの三泊だけの（夜着いて、朝発ったから中二日のみの旅）、家族三人気まま旅。ソウルの空港ロビーで出会ったのが、このなんともかわいいあいさつ「あんにょ〜ん」だった。

　ホテル行きの車を待っていたところ、三歳くらいの男の子が保育園年長さんだった娘にしきりに声をかけてくる「あんにょ〜ん、あんにょ〜ん」

これが幼児語なのか、それとも、たとえば親しい者同士、おとなも使う砕けた表現なのか、そのへん聞く機会があったら聞いてきてください。

　ところで、このあんにょん坊や、ほんの少しもじっとしていない。あんにょん、あんにょんと声をかけながら、ベンチからどてっ。変なところで立ち上がって、頭をごつっ。ごそごそ、ずるっ……無表情で息子を引っ張り上げたり、押さえたり引き戻したりのお父さん。

　旅先では親子観察もおもしろいよ。

## 子どもは言葉の壁を越える?!

　親子三人、安重根（アンジュングン＝伊藤博文を暗殺した人。韓国では愛国の英雄）記念館への坂道をたらたら歩いていたとき、小さなパン屋が目に付いた。菓子パンでも買おうかと店にはいると、小柄なおばあさんが出てきた。愛想はない。「日本人が何しに来た」と言わんばかりの険しいお顔。私は、韓国のおばあさんに嫌な顔をされても仕方がない国の国民だという自覚はあるから、驚きはしない。

　さて、しかし、である。次の瞬間、うちの娘の存在に気づいたハルモニ（おばあさん）の変わり様といったら!!「まぁ〜　おじょうちゃん、いたのぉ〜　何がほしいの〜　まぁ〜　」（想像）って感じの、まさに「相好を崩す」とはこのことかといった、豹変ぶり。私たちに向けるまなざしも、先ほどと同一人物とは思えぬ、にっこにこである。そして、うちの子が欲しかったのはドーナツ一個。お代は……「＊＊＊」？「＊＊＊」。ああわからない。数字すら勉強してなくて、わからない。ところが、娘が言う「五〇円って言った」って。そして、ハルモニが電卓で示してくれた数字が――50!

おお、わが娘よ!　まだ言葉の壁がないのね、と感心した四年前の秋であった。

**「総理大臣のようなことを言ってはいけませんよ。だいたい日本人を代表してものを言ったりするのは傲慢です。それに日本人とかカナダ人とかアメリカ人とかいったようなものがあると信じてはなりません。一人一人の人間がいる、それだけのことですから」**

――井上ひさし「握手」（『ナイン』所収）

中三の国語の教科書に出てきた、ルロイ修道士の言葉です。ルロイ修道士が園長を務める養護施設出身の「わたし」がルロイさんと再会し、戦争中に日本がやったことをわびる。すると、ルロイ先生は、「こら」「よく聞きなさい」という意味の仕草をし、先の言葉となるのです。思い出した?

今、世界で為されている暴力の多くは、人を一人一人の人間としてみないで、「〇〇人」でまとめる見方から来ている。テロも、空爆も、反日デモと称して、日本人の商店へ投石することも、拉致非難を大義名分と勘違いして、朝鮮人学校の女の子のチマチョゴリを切るような行為も、みんなみんな、一人一人の人間を見ていない。

一方で、私たちはやはり国籍を背負っている。好むと好まざるとに関わらず、「日本人」としてまとめてみられることもある。でも、基本は自分だから、出会った人と一人の人間同士、誠実に向き合っていくしかない。それが大事だと思います。そういう出会いがあると、「〇〇人は……」といった発想もしなくなってくると思う。

良い出会いがありますように!

これでもこく
ごかつうしん

# もしもしあたしRICAちゃん

05年10月13日　19巻6号

## 特別寄稿　PN（ペンネーム）苦助（くすけ）

人の感情を簡単に表せば喜怒哀楽である。テーマである笑いとはこの喜に入れる事ができ、また楽にも入れる事ができる。つまりこの論法からすると、笑いとは人間の感情の五〇％を担っているという事になる。

さて、今はお笑いブームだ。私はお笑いを「おかしい」事だと思っている。「おかしい」という言葉を辞書で引いてみた。①変だ②面白い。笑いの根幹は最後にはこの二つのどちらかに分類される。

ここでお笑い芸人を例にとって考えてみる。現在多くのネタがあることが知られている。自虐ネタ、キレネタ等である。しかしネタというのは最終的にはそう多くには分類できない。インパルスという二人組がいる。設定した状況下でそれに沿った役になり、片方が笑いをとり、片方がそれを指摘する（前者をボケ、後者をツッコミとする）ボケ役はその設定された状況に不相応な行動をとる。そこへツッコミ役が指摘をすることで一つのネタができる。

次にアンジャッシュという二人組をみてみる。これはツッコミがなく、互いが別のことを考え、それに基づき行動する。俗にいうすれ違いという物だ。

今、挙げた二組の芸人を考えると、一見ネタは異質な物に見える。しかし、両方とも常識から外れているという点では、全く同じである。普通はこうするだろう、こう思うだろうと人は常識にとらわれている。その常識から外れた事に笑い、爽快感を得るのである。これこそが前述①変だに該当する。常識から外れたこととは変な事だからだ。

そしてもう一つの意味である②面白いを説明しよう。笑うにはもう一つ違う使い方がある。それは、相手との優劣を表すという使い方だ。端的に言えば「ああこいつは何やってんだ」と精神的に自分を上位と感じることができる。これはヒロシの自虐ネタ、カンニングのキレネタを思い浮かべればそう感じることができるのではないだろうか。

また、トーク番組ではよく司会者が出演者を使い笑いをとる。これは「いじり」と呼ばれるものだ。そしてこれも②となる。なぜならば出演者、つまりタレントにはイメージがある。この人はこうだと思われている。司会者はそのイメージを利用して笑いをとる。ここで例を挙げるてみる。あるトーク番組で離婚経験があるタレントに司会が、離婚をネタにして笑いをとっていた。よく考えてみれば、これは自虐をただ他人にしただけだ。

以上の考察から、笑いとは最終的に二つに分ける事ができるものと考える。

最後に一筆記しておきたい。この文を書いている時「どうしてそんな事を深く考えるのか」と言われた。だが笑いとはそんなことと一言で済ますようなものだろうか。もしそうならばお笑いブームなど来るはずがない。「たかが笑い」と言う事はできる。しかし、私はこう言い返す。「されど笑い」と。「笑い」を一考する価値はあると思う。

---

三年の苦助氏からこの原稿を渡されたのは一月ほど前のことだ。苦助氏の承諾を得て、今ここに収録する次第。

## 小論文として講評してみると・・・

のっけから強引と言えば強引だが、歯切れのいい短文を畳みかけてぐいぐい持論を展開するのは、たいしたものだ。辞書を使うやり方はよくあるが、よく使われる程度には有効性があるわけで、要は展開したい論理にうまく使えるか否か。ここでは、「笑い」という抽象的なものを考察するための足がかりを手に入れているので、成功していると思う。

さて、本通信読者諸子の後学のために一点だけ注意を促しておきたい。（おそろしく偉そうじゃのう）

最終段落、「だが笑いとはそんなことと一言で済ますようなものだろうか。もしそうならばお笑いブームなど来るはずがない」という部分。

これは理屈としては中身がない。例えば、うまいと評判の行列のできるコロッケ屋について、「どうしてこの店のコロッケはこんなに人気があるんだろう」という問いに「人気がなければこんなに行列ができるわけがない」と答えては、「人気」の正体は不明のままだ。

苦助氏の述べるように「笑い」が「人間の感情の五〇％を担っている」のであれば、それを考えるのは、とりもなおさず、人間を考えることになる。

ということで私も考えた。苦助氏の「笑い」の二分類に触発された「お笑い考」覚え書きである（「笑い」と「お笑い」は違うはずではあるが）。

## 『武器としての笑い』

苦助氏二分法の後者――「相手との優劣を表す」という分析に、この書名を思い出した。はるか昔に読んだきりなのだが、為政者や金持ちなど権威に対する庶民の精神的な抵抗に「笑い」がある、という主張だったと記憶（というか消化というか）している。権威（偉そうにしている者）が落ちると笑う。落とすために、笑う。

さて、ここで余談めくが関連して一つ書いておく。芸人は、どんなにお客をからかったり、ネタにする有名人をバカにしたりしようとも、自分を笑われる立場（劣の方）へ置くことも忘れない、と思う。私は、〃ギター侍〃の「切腹」に、その周到さを感じずにはいられない。ついでに言ってしまえば、魔邪（?字が違うか?）という、例の悪役女子プロレスラーコスプレ芸人のマイク拾いもなかなかすばらしい。「バカヤロウ」と床にたたきつけたマイクを自ら拾って次のネタに移るときの、あの間抜けな一瞬は「ああこいつは何やってんだ」（by苦助論文）的な笑いを誘う。うまい。たぶん徹頭徹尾「優」の側に身を置く芸人がいたら一般大衆に嫌われる。

さて、読み返して苦助氏も気づいていたことなのだが、辞書に導かれた二分類は、実は完全に別のことと分けてしまえるものではなかった。後者の例の一つに挙げられていた、タレントのイメージを「いじり」で笑うというのは、前者の例としても説明可能なのだ。

## 変だ――落差が生む笑い

「常識から外れたことに笑い、爽快感を得る」という苦助氏の指摘は的を射ている。「普通はこうするだろう、こう思うだろう」という予測との落差は「おかしい」を生む。

この点で〃ギター侍〃の勝因の一つも説明が付く。ことは単純。洋と和、普通に考えると結びつかないギターと侍をカップリングしたそのセンスはやはり、一目置くに値しよう。これは、先にやった者勝ちである。和洋、古今、硬軟等々ギャップのある二者を組み合わせるというシンプルな手法だけに、何をやっても二番煎じのショボさを免れ得ない。バイオリン力士はダメだし、チューバ小僧とか、琵琶ヤンキーとか、シンセ尼とか、カスタネット代議士とか、三味線ラッパーとか、トランペット茶人とかいろいろ考えてみても、だめだな。

## お笑い芸人は常識人

常識（「普通はこうだろう」の普通）との落差が「笑い」発生の重要なファクターである以上、お笑い芸人には常識感覚が必要だ。客と「あるある」を共有できなくては始まらない。それをどう見せるか、見せ方のバラエティは芸人の数ほどあるだろうが、どういう笑い発生機能を活用しているかという観点で行くと、苫助氏の述べるよう「最終的にはそう多くには分類できない」のだ。

ちょっと遊んでみる。ネタは―― 現代文の教科書所収「身体像の近代化」から。

イ　偉そうに文明人面してる西洋人のやつら、よぉく聞け。「Oh!ニッポン人、礼儀正シイ人々デスノニ、通リデモスグ肌露出シマアス。マダマダ未開デ恥ヲ知リマセーン！」だとぉ?!　はあ〜?
「裸を見りゃいつでもどこでもエロイこと考えちまうテメーらの頭ん中の方がよっぽど恥知らずなんだよー」

□　私西洋人です。ユダヤ・キリスト教的伝統では、裸体は隠すべき。恥を知るのが文明人って、言うじゃなぁい?　でも、半裸でうろついている明治の民衆より、あんた方の頭の中の方がよっぽど恥ずかしいですからぁ!!　残念!!　楽園追放斬り〜!

内容をどう表現するか、そこに個性が生じるのだ。
文章におけるそれは、文体である。
「何を」も「どう書くか」も両方大事。どう語られているかにも目を向けていこうね。

# もしもし あたし RICAちゃん

05年12月15日　19巻7号

## 「虚ろなまなざし」とホワイトバンド

「ハゲワシと少女」の写真、英語の教科書その他で見たことがある人も少なくないと思う。現代文の教科書にある「虚ろなまなざし」は、この写真を巡るエピソードから語り起こされている。

飢餓状態も明らかな幼い少女が、石のごとく地面にうずくまっている。そのすぐ後ろに、少女が息絶えるのを待つかのように控えるハゲワシ。——この一枚のショッキングな写真はピューリッツァー賞も受賞し、世界中に配信され、多くの人にスーダンの飢餓のひどさを訴えた。それと同時に、当の写真を撮ったケビン・カーターに激しい非難があびせられることになった。写真を撮るより、人として為すべきことがあっただろう、という「人道的」批判。その激しいバッシングのためだろうか、ケビン・カーターは受賞からわずか六五日後に、三三歳の若さで自ら命を絶ったのだった。

この一人の人間を死に追いやるまでの「人道的批判」の暴力性を、筆者岡真理は次のように考察する。それは、もの言わぬ（言えぬ）難民の少女の「虚ろなまなざし」に耐えきれなくなった「先進諸国」の人々が、彼女になり変わって、「どうして、わたしを助けてくれなかったの！」と非難の声を上げているもので、自らの（「先進国」の住民としての）加害性を隠蔽するものでもあると。

## 西山はこの指摘にとっても同感

つい先だって、電車の中吊り広告にこんなのがあった。

『週刊朝日』の見出しだ。

〈ケーキやさんになりたい
夢を奪ったのは誰だ
絶対に許せない〉

その「絶対に許せない」という言い方は、正しく被害者の主体に乗り移って発せられている。

被害者の主体に乗り移って、ことさら感情的に怒りをぶちまけるとき、「正義は我にアリ」とばかりに、一切の言動が許されるかの如き勘違いで攻撃欲求をむき出しにする、いやらしい暴力がそこには控えているから、どうにも気にかかる。

私が、ここから考え至ったことは――

## 人は自分の人生の主語にしかなれない

相手の立場になって考えようとか、相手の立場に立とうとか、よく言われるが、私は難民の少女にはなれない。しかし、私は、私として、難民の少女に寄り添えたらと思う。誠実に自分の人生の主語をやることが、全ての基本なんじゃないか。

**私は、ホワイトバンドだのチャリティーコンサートだの、賛成だな。**

私は今のところ、直接飢餓救済等の役に立つことはやっていない。自分でやれることは限られている。だから、私にできることを用意してもらえるとありがたい。

「虚ろなまなざし」の筆者はチャリティーコンサートは一過性の対応だと懐疑的で、根本的な解決こそ目指すべきだと述べていた。それは、本当にその通りだと思う。

例えば大規模なチャリティーコンサートを成功させて、それで終わった気になってしまったり、緊急援助のボランティア任せで、継続的な対策を政府がとろうとしなかったら、確かに根本解決は遠のくばかりだろう。

それなら、それを意識しておけば良いんじゃないかな。常に、根本解決という先の長いゴールを目指すことを忘れないでいれば。

たとえば、趣旨なんかなあんにも知らないで身につけているホワイトバンドも、それを見かけた誰かに、世界の貧困問題の存在を思い出させるかも知れない。例えば、出演アーティストにつられてAIDS問題キャンペーンのコンサートに参加した人が、そういう問題があるんだなぁと気づくかも知れない。

ゴールは遠く地道に歩いていくしかないけれど、いろんなことやりながら、楽しく歩いてもいいんでないかい？　と思う私であります。

これでもこくごかつうしん

# もしもしあたしRICAさん

19巻8号・06年2月20日
編集兼発行人・西山利佳

## ソフトボール大会
# 2A男子優勝 女子ベスト4 おめでとう!!

一と、実は金曜日の結果を知らずに書いてます。

木曜日は、応援する気満々だったのですが、あいにくの悪天候で延びちゃいましたでしょ。残念至極!金曜日、他での仕事が入っている私は、観戦成りませんでした。でも、きっと優勝したに違いない!!ここで私が弱気になっちゃだめだ(ほら、言霊信仰と言うか、「言葉にすると、それが本当になる」という感覚、私にはあるのですよ。)

ともかく私は、二Aの諸君が勝った試合しか観てないのよね。なにしろ、今、あなた方のクラスしか持ってないから(高校は)、もう心おきなく肩入れできて気持ち良かったあ♡ 体育祭は、縁のあるクラスが各色に分かれてしまったので、み

思えば、スポーツというのは、とてもとても「する」論理の世界ですね。不断に「する」(結果を出すとか)ことなしには、例えば日本代表「である」とか、レギュラー「である」とか、あり得ないわけでしょ。家柄や生まれで「である」ことは保障されないのよね。それは厳しいけれど、自由だな、と思う西山です。

大学へ入って、親が誰とかどこ出身とか、そういう「である」こととは全く関係なく、自分がやりたいこと、興味のあることを、共に「する」仲間が広がった時、本当に自分が自由に広がるのを感じたものでした。

### わたしのおすすめ

授業中に紹介した本~読んでみいな

▽『チョコレート・アンダーグラウンド』(図書室にあり)

▽『あのころはフリードリヒがいた』(同右。辛いよ。でも、目が離せない)

▽『ベルリン1933』(図書室にそのうち入ります。)世界史に興味ある人は是否!大河ドラマ的人間ドラマでもあります。

RICAさんのトリノ・オリンピック ここが知りたい!

んながんばれ〜って感じだった。スポーツは、ごひいきチームがあった方が楽しめるのだと、改めて思い知った次第でした。

ああ、しかし、決勝戦、観たかった。選手の活躍だけでなく、みんなの応援する姿を観たかった。一喜一憂する顔を見たかった。満ち足りて輝く顔を見たかった……そういう素敵な顔を、想像しております。

## 「である」ことと「する」こと

今きっと、みんなは、2Aで良かったあ、このクラス好きだあ、別れたくないよぉetcといった気分なんじゃないかな（希望的観測？）。

で、丸山真男を持ち出してみる――「2Aである。」ということだけで、お互い熱くなれただろうか。たまたま同じクラスに編制されて、それだけで、お互いを好きになれるだろうか。四月に、このソフトボール大会があったとして、今回と同じように戦い、応援することができただろうか。どう思う？

たぶん、いろんな行事を、たくさんの時間を共にして、いろんなことを「する」中で、2Aは2Aになってきたのじゃないかな。

――ということに気づかせて下さったのは、後藤先生。女子二回戦の試合を観ながらのおしゃべりで、「この時期にこの大会というのがいいんですよ」とおっしゃったことから、なるほど、と思ったのでした。

## イナバウアーって、何語……

"稲葉ウアー"に聞こえてならないのだが

心からお勧めします！

## 映画「イノセント・ボイス ―12歳の戦場」

中米エルサルバドルでは、一九八〇年から九二年まで、実に12年もの間内戦状態にあり、たくさんの血が流れたということ、たぶん皆さんは知らないと思う。この映画は、その内戦のまっただ中に生まれ、育ち、辛くも生き延びた一人の少年の実体験に基いている。

12歳――それは、政府軍に兵士として徴兵される年齢。主人公たちは、夜毎激しくくり広げられる政府軍対反政府ゲリラの銃撃戦の中で隣の幼ななじみを亡くしたり、学校へ乗りこんで、無理やり少年たちを連行する（12才にならない子も！）政府軍の暴挙を絶えず目にしており、どうせ兵士にされるなら、ゲリラに入った方がましでないかと考えたりする。

ほんの12才で、銃を持たされ、子どもでいることを許されない現実があるからか、少年たちが、いじらしいまでに、子どもらしく無邪気でもある。

明日、政府軍が村に少年たちを狩り集めに来ると

とても美しいシーンに涙がこぼれました。すばらしい映画です。シネ・スイッチ銀座にて上映中。日本がバブル経済に浮かれていた時の、同じ地球上で起きていた現実です。こういうことも知っていいと思います。

# 〈コンサート・自由な風の歌〉に参加して考えたこと

二〇〇五年一二月、「学校の『君が代』強制に直面する音楽教員たちのために」と添えられた「コンサート・自由な風の歌」の合唱に参加した。都立校で「君が代」強制と闘っている夫を通して知った企画だったが、なにしろ、カザルスの、あの名曲「鳥の歌」が歌えるというのである。しかも、林光の指揮で！　参加動機は、はなはだ軽薄なものであったが、参加できて本当に良かった。何よりも大きな収穫だったのは心の自由が侵されることへの恐怖、嫌悪を体で理解できた気がしたことである。

鳥の歌の最初の練習の時、「ああ、これこれ！」という感じで、合唱を創っていくときの充実感にお腹の底から愉快な熱が満ちてきた。メロディーを、歌詞を、考え、そして、その理解の結果として体が出していく声、響き。ああ、音楽とはこういうものだと胸が熱くなった。

そして、転じてわかった。その内容にどうしても心を添わせることができない曲を無理やり演奏させられたり、歌わされたりすることが、どんなにその人間を損なうか。その無理強いのなんと暴力的なことか。

「面従腹背」という言葉がある。

「社会にでたら、『いやだ』『やりたくない』はきかない。それが大人だ。それが働くということだ」という言葉も耳にする。

そもそもそれでいいのか。戦争中、上官の命令故に、そんなことはしたくないのに、中国人捕虜を銃剣で突いたという兵士はたくさんいたはずだ。上が言ったとおりに、インチキ食品を作ってしまった会社の例を思い出すだけでもいい。「仕事だから」言われたことを言われたままにやるというただの思考停止を「大人な」ふるまいとして受け入れて良いとは、全く思えない。

侵略戦争遂行に大きな力を発揮した「君が代」という歌を、処分を盾に強制すること。しかも、それが、自らの意志で行動する人間を育てる場であるはずの教育の現場で行われる。これが、教師の職務として為すべき行為なのかどうか問うことなく、上から降りてくるものを無批判に「仕事」として受け入れる感覚は危うい。

また、たかが一分もかからない時間、なにもそんなにエネルギーを使って抵抗しなくても、適当にやり過ごせばいいではないかと考える人もいるのだろうと思う。ちょっと歌ったところで、何が減るもんでもなし、と。それはそうかもしれない。しかし、目に見えた何かが減るわけではなくても、十全な人間であろうとする魂はきっと傷つく。歌を歌う。ピアノを弾く。それは、魂の現れだ。一人の全き人間であろうとすれば、そうなるはずだ。

面従腹背を強いる社会は人を「分裂症気味」にする。少女時代にイラン革命を体験した、マルジャン・サトラピの自伝漫画『ペルセポリス』Ⅱ（バジリコ二〇〇五）の印象的な頁にそうあった。上段には、厳格なイスラム原理主義政策の下生活の隅々まで管理され、顔と手以外全て黒いベールと伝統服に包まれた彼女たち。下段には、化粧をし、思い思いの髪型服装で肌も露出している彼女たち。「公の場とプライベートな場では、私たちの態度は正反対だった」「……この落差は私たちを分裂症気味にした」と。

そして、こういう言葉もあった。――「体制側はわかっているのだ。外出時の格好を気にする人間は……」「もう疑問を持たなくなるのだ」「当然だ。人は恐れると、分析や反省の分別をなくしてしまう。恐怖が私たちを麻痺させるのだ。そして恐怖はいつも、あらゆる独裁政権が弾圧を推進させる力となった」

できれば、できるだけ、だれもが、面と腹を分裂させずに生きていける、そういう世の中を作る道に、つながっている教師たちの抵抗に連帯の拍手を！

＊

そして、二〇〇七年一〇月、「コンサート・自由な風の歌」は三回目を迎えた。冒頭で林光さんはこう語った。「音楽というものが私たちの闘いを助けるとか激励するとかいうものなのか、それとも、音楽がただ音楽そのものであることによって人の心を豊かにして、それがその先に何かになっていくのか。今日のコンサートは多分その両方に手を掛けている。そういうものでありたいと思っています」

いま、「子どもの本・九条の会」立ち上げに参加している私は、これを座右の銘としよう。

これでもこく
ごかつうしん

# もしもし あたし RICA ちゃん

06年6月13日　20巻2号

## 体育祭　お疲れさまでしたー

私が今年度担当しているのは、1A、1B、3Eのみ。だから、心おきなく赤組を応援しました。午前中に仕事を入れてしまったので、体育館に駆け込んだときは、赤組の応援、半分は終わっていて……。最後のオーロラビジョンに映った、きれいなハートにびっくりしました。生で見たかったなぁ。

頑張ったのに、トロフィーも優勝旗も得られず、本当に悔しいと思います。でも、みんなの悔しい思い、残念な思いはきっと、あなたたちの中にずっとずっと深く残って、そしてきっとあなたたちを輝かす何かになるんです。たぶん、長い時間をかけて。

## RICAさんの勝手な講評

○「大百足」は中学女子、「騎馬戦」は高校女子——これ絶妙だね。中学生が騎馬戦やっても、キーキーキャーキャー騒がしいだけで、見る者を震撼させる迫力に欠けるだろうね。逆に、きれいなお姉さん方に、あの、大百足は、ねぇ……かたはらいたし、だわな。

○クラブ対抗リレーの柔道部。いつ見ても、あの無駄な体力が笑える（冗談ですよ、おこっちゃだめですよ）。

○「荒城の月」美しかった。自分たちがどんなに美しい全体を作っているのか、演じている本人は知らないのだよね。あと、スカート丈も新鮮だったみんな、賢そうに見えたよ（余計な一言）。

先日、高三の授業中にオススメした——

## 恩田陸『夜のピクニック』

一昼夜かけて80キロを全校生徒一二〇〇人で歩く、〝歩行祭〟という学校行事に、最後の学校行事として参加している高三男女の物語。ただ歩く、ひたすら歩く。

そして、友だちとしゃべる……。今、ここにしかないものを大切にしたい、いとしいと思う高三生の気持ちが心にしみます。もちろん一年生が読んでも、きっと読んで良かったと思うでしょう。

私はこの小説を読んだばかりだったから、なおのこと、体育祭で走り、跳び、笑い、泣く君たちが愛しく思えましたよ。

**始まってますな**

## Copa Mundial

（スペイン語で「ワールドカップ」）

まだ一試合も観ていない私ですが、ラテンアメリカ勢をひたすら応援するつもりです。理由―好きだから。で、開幕初戦ドイツと当たったコスタリカについて。

**中米の小国コスタリカ**
**軍隊を持たない国コスタリカ**

この国、アメリカブッシュ政権がイラク攻撃を始めたとき、それに賛同したのです。マイケル・ムーア監督の「9・11」でも、イラク攻撃に協調した国が列挙されていて（それは、こんな小さな国とか軍隊を持たない国がとか、からかい調子の画面だったから、私はいい気はしなかった）、そこにコスタリカも入っていた。

が、しかし。

コスタリカの法学を学ぶ一人の男子学生が、「憲法裁判所」に、イラク攻撃支持は憲法違反ではないかと訴えて、審理の結果、

**違憲である。ついては、過去に遡って、コスタリカのイラク攻撃賛同は取り消す**

となったのだ。

「軍隊のない国」という映画も観たことがあるが、コスタリカでは、実際の選挙の投票所で小学生たちが仕事を分担していた。そんなコスタリカを私は尊敬している。

# もしもしあたしRICAちゃん

06年9月4日　20巻4号

## 南アメRICA　あんなこと こんなこと　2006

七月二三日から八月一一日にかけて、四年ぶり、五度目になるペルー・ボリビアの旅に出かけていた（あえて他人事のように言うけど、ほんとに好きなんだね、アンデス）

で、もちろんいろいろあったわけだが、今回のこの旅行記の最初は旅の終わりの八月一〇日のまがまがしき出来事をテーマとする。題して、

### RICAさん怒りながら帰国するの巻

ペルー、ボリビアでは泥棒被害が多い。特に、ペルーの首都リマでは、赤信号で止まっている車の窓をたたき割ってバッグをひったくったり、トランクから荷物を盗ったりという荒っぽい話もさんざん聞かされた。しかし、注意すべきを注意して、私たちは危ない目に遭うことも、何か盗られることも無く、無事に旅を終えた。終えるはずだった。帰途、乗り換え地のアトランタであれやこれを有無を言わさず奪われるまでは・・・。さあ、これで、何が起こったかぴんと来た人はどれくらいいるかな。

八月一〇日、午前〇時一五分、（日本時間一〇日午後二時一五分）リマ発アトランタ行きデルタ航空２７４便で、私たち家族三人は南米を離れた。出国の際の荷物検査は長蛇の列で、私たちが預けるスーツケースも開けられこれは何、これは何と調べられた。しかし、南米から出るときは麻薬の持ち出しを警戒してたいてい検査は厳しいのだ。相当時間を食ったが、特に不審に思うこともさして不愉快に思うこともなく、手荷物（機内持ち込みキャリーバッグ一つ、各自リュック一つずつ）は、開いてまでチェックされることもなく搭乗した。

そして、約七時間後。今度は成田行きに乗り換える。

乗り換え便の出発まで二時間二五分。ちょうどよい「待ち時間」のはずであった。が、しかし…なんなんだ。

荷物検査に長蛇の列。ほとんど前に進まない葛折りの列。いよいよ検査台がちかづくにつれて、「液体、ジェル状の物は捨てろ」ということらしい、掲示、大きなポリバケツ、断続的な係員のアナウンス。しかし、なぜ、今までOKだったものがダメなのか、まったくワケが分からない私たちは、アメリカ合衆国が南米から飛んでくる飛行機に対して、抜き打ち的に気まぐれで嫌がらせをしているのかと思った。問えば説明してくれただろうか。今となっては、ブーイングばかりで説明を求めなかった我が身をうらむ。ともかく、これは、英国ヒースロー空港で発覚したテロ未遂事件の影響だったわけだが、ヒースローの「ヒ」の字もなかったのだ。「こうすることになっている」の一点張り。かくして、私が奪われた物

美容液（乾燥用、シミ用各一本、）UV乳液二本、目薬三本（アレルギー用、炎症用、市販の普通の）、化粧水、乳液、ヘアワックス、ハンドクリーム、乗ってきた飛行機で配られたペットボトルの水三本（未開封）、娘お気に入りのレモン水ペットボトル一本、某氏に頼まれた「マカ」（ペルー原産の健康食品）リキッド一本。

締めて二万円は下らないのである！

他人の荷物から奪ったそれらを無造作にぼんぼんバケツに放り込む係員。飛行機に持ち込めないほど危険な物を、そんなに無造作な扱いでいいのか？　爆発物処理班呼んだり、防毒マスクせんでもいいのか？　は？

ありったけの皮肉を言ってやれなかったのは、まったくもって腹膨るる思いで、私は太平洋を越える一四時間の機内で、「思い出し怒り」をくり返したのであった。

## りめむばあ
## アトランタの屈辱

たった一ヵ所で（もう一ヵ所はUSアーミーの団体さんがチェックを受けていた）、荷物を片っ端から開けるのだから、当然おそろしく時間がかかる。乗り継ぎ便は二時間二五分後出発。普通は十分な時間と言える。しかし、私たちが没収台に辿り着いたのは、余すところあと一五分もあったかどうか。時間がないというので、前に入れてあげた若い女性は、半泣きである。私も、チケットの時間を指さし、大丈夫なのか？　とそこにいた男性職員に問いかけた。

するとその男、目は合わさず、薄ら笑いを浮かべながら、「英語を話せ」とほざいて、すーっとあっちへ行ってしまったではないか！　私は、後に並んでいた女の子（何人だかわからないけど、白人で英語を話す）と、呆れ顔を見合わせた（彼女はそいつを呼び止めて、私のために「英語で」問いかけてくれようとした。が、そいつは去った）。航空券の時間を指さして「OK?」（それ以外はとっさに、スペイン語で言ってたと思うけれど）とくりゃ、何が言いたいかわかるだろうが！　そいつに「あんた、名前は何だ！　日本に帰ったら大使館通してクレーム付けてやる覚えてやがれ」と言ってやれなかったのが本当にくやしい。

## 英語学習動機こんなんもあり

私は、かっかしながら成田行き飛行機の中で一人の女性のことを思いだしていた。松井やよりさんである。元朝日新聞の記者で、世界を舞台に女性問題でエネルギッシュに活躍した彼女がそもそも英語を学んだ動機というのは、アメリカへ行って原爆投下を直接抗議したかったからと聞いた（参考『わたしたちのアジア・太平洋戦争　3新しい道を選ぶ』図書館にあります。私が聞き書きしてます）それを思い出していた。文句が言えるくらいの英語力が欲しかった。

## 仕方ない？

さて、どうしてそんな目にあったかということは、成田へ着いてから親からの携帯メールや、新聞テレビで知ることになる。そうか、単体では無害な液体を機内で混ぜて爆発物を作ろうとしていたのか。なるほど、それなら、あの没収物のあつかいのぞんざいさはまぁ理解できる。急な事だったから、検査態勢が整わずたった一ヵ所で大行列を作らせることになっていたのか。と、まぁ少しは寛容にならんでもない。

「仕方がないと思います。それより安全が第一ですから」

テレビのニュース画面では、マイクを向けられた女性がそのようなことを言っていた。

ということで、西山の怒りが解けたかというと、そんなことはない。むしろ怒り続けることを心に誓った私である。

なに、西山は命より美容液に固執するのか？と思うなかれ。そりゃ命が一番大事だ。でも、ボリビアで買ったコエンザイムQ10入りニベアのハンドクリームを供出しないと、私の乗った飛行機は爆破されたのか?

私たちの荷物には、実ははみがきと爪切りが残っていた。私の胸ポケットには、自分でも忘れていたのだが、ひよこのキャラクターが可愛くて持ち帰ったフライドチキン屋のケチャップが入ったままだった。ニベアのハンドクリームよりケチャップの方が安全だという理由を示して欲しい。

あんなんで、死ぬ気で事を起こそうとする者の知恵に対抗なんかできない。時間がかかって当然、没収されて当然、とあぐらをかくのではなく、知恵とお金と人をつぎ込んで、理解を求める努力も惜しまず、理にかなった安全対策をとるべきだ(徐々にそうなっていることを期待する)そもそもテロを防ぐためにやるべき事は、もっとほかのところにあるはずだし……。

それから、私たちは戦争中のことをたくさん連想した。ちょうど、アウシュビッツ関係の本を読んでいた夫は、強制収容所に入れられるユダヤ人が所有物をことごとく奪われたことを思い出していたという。

私は、「建物疎開」のことを考えた。もっと遡っては「人柱」……。戦時中、空襲の火が燃え広がるのを防ぐための空間を作るべく、強制的に家を壊された(壊す作業をさせられた)という話をよく読む。それから、いつの頃までつづいた風習か知らないけれど、例えば橋が流されないようにと生き埋めにされた人柱の話。どちらも、「安全のため」だからしかたがないと納得させられたのだろう。

でも、人間は長い歴史の中で「しかたなく」物を奪われたり、ましてや命を奪われたりすることがない社会を作ってきたんじゃないのか。それなのに、「安全」のためにいとも簡単に、指紋を採り、顔写真を撮りして人を犯罪者扱いする。アメリカという国はプライバシー保護の意識は高かったのではないのか? 個人の所有権を尊ぶご本家のはずの資本主義旗頭アメリカ合衆国が、なんのためらいもなく個人の所有物を奪う(預かるのではない)それに対して、訳知り顔で理解を示してよいものか? 私は、そう思わない。「安全」のためなら何をしても許されるとばかりに、デリカシーのない大なたをふるっている内に、いつのまにか譲ってはいけないいろんな権利、のびのびと幸せに暮らす権利が侵されていくんじゃないか。現にそうなりつつあるのだと身をもって知らされたのだ。

だから、私は、怒り続けるぞ。ものわかりよくなんかならないぞ。そう決心した二〇〇六年八月であった。

これでもこくごかつうしん

# もしもしあたしRICAさん

の・へのへのもへじ

20巻5号・'06年10月24日
編集兼発行人・西山利佳

せめて月刊で出したかったのだけれど、あっという間に十月下旬……。お久しぶり。前回ふった話題、いったい何人の生徒諸君が気にかけてくれているのやら……ま、しかし、見れば思い出すだろう。ほら、例の――

## 間違っても食べないでください。

前号で、この注意書きが「おかしい」と書いたが言葉足らずだったね。文法的におかしい（誤りである）かと、悩ませたとしたらごめんなさい。

この小さな表示が（ほんとに小さなシール！）金平糖そっくりの根付けに付す注意書きとしては、なんだか不自然、妙な感じがするという点を、まずは共有してもらわないことには話が進まない。

ということで、三年E組で書いてもらった中から「なんか変。不自然。」と感じた人の、その「感じ」を紹介しよう。

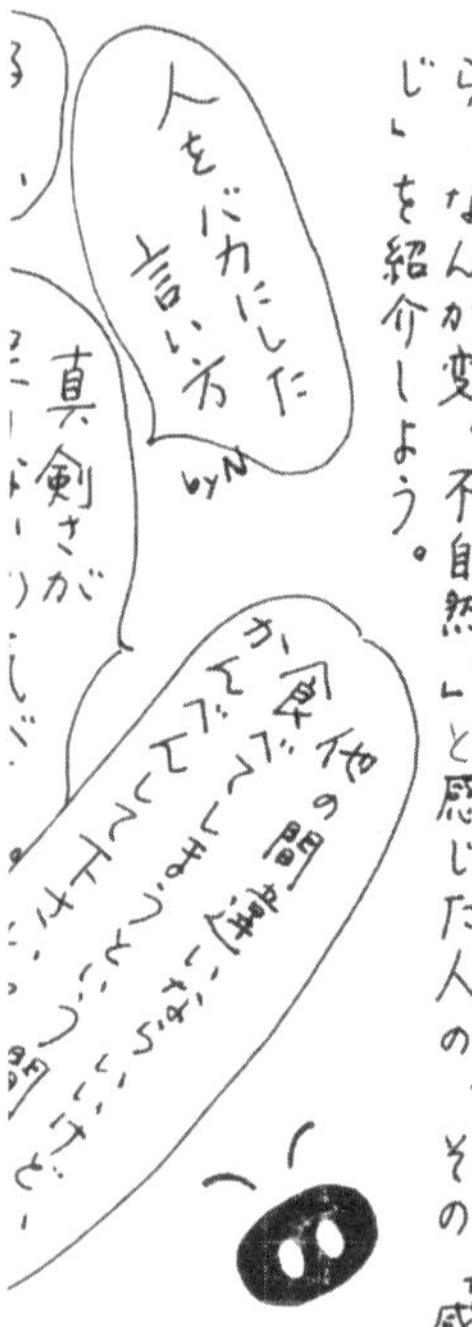


と言っても何のこっちゃわからないでしょうが、

たとえ（たとい・仮に）～ても　と呼応するあれです。
↗副詞ネ♪

## たとえ間違っても、食べないで下さい。

これはもう、何が何でも、とにかく食うな!!という気魄が満ちて、あふれて、（Tさんの言うように）「とても危険そうな感じ」（Iさん）がして、人によっては「好奇心で食べてしまいそう」（Sさん）ということになるわけでしょう。

このように、過剰に（無駄に）感情がこもってしまって、注意書きとしては不自然なのではないでしょうか。（いろんな注意書きにちょっとした副助詞等を足して、妙に生々しい――人間臭い表現にするとおもしろいぞ。できたら投稿して！）

## 南アメRICA あんなことこんなこと2006

Vol.2

### チチカカ湖は明るく発展中

標高約3890mに位置し、面積は琵琶湖の約一二倍というチチカカ湖のことは、名前くらいは知っているだろうか。

この湖にはトトラと呼ばれる葦を積み重ねて

※表現が気になって注意を（へまんまと）ひかれているテレビCMがある。某缶コーヒーのCMで、演技しているのかいないのかあいまいな調子で新庄が言う――「めっ、来た。」「もっ」と来りゃ「来てる」だ、

冗談で言ってる感じ…… おもしろい by N

足りない(?)気がする。好奇心で食べてしまいそうな感じ。 by S

もし食べてしまったら、とても危険そうな感じがする。ちょっと えらそう。 by I

……。間違っ……だけは by T

ふざけてんじゃないかと思う。(略)とにかく今までにない注意書きだから、不自然に感じる。 by M

間違ってもの「も」は、いらないと思う。 by S

そ・し・てー

そう、問題は **も** なら、

**間違って食べないでください。**

こんな話題にすることもなく、さらっと読み流していたはずなのだ。「これは本物そっくりにできていますけど、食べられませんから、間違えないで下さいね。」「はいはい。」ほんとうによくできてますねえ。」って感じで。

しかし、「も」である。間違っても、、、、「ても」である。

この場合「も」が一文字加わって、「ても」になり、仮定の逆接条件を表す接続助詞になっている。

作った浮島群がある。その名はウロス島。大小合わせて四〇ほどの島があるそうだが、そのいくつかを訪れた。一九八九年以来、一七年ぶりのウロス訪問である。

さて、まず訪れた島はというと、わずか九家族で暮らす小さな小さな島なのだが、感心するほど手際よくウロスの生活を説明してくれた。湖の深さを実際に目で確かめさせるために用意された、先端におもりを付けた長いロープだとか（水深約一八m）、浮島の厚さ（二mほど）を測ってみせる竿だとか、見晴台だとか、島から島へ観光客を移動させる大型の立派なトトラの船だとか、あれやこれやと、観光地としての自覚ある工夫が凝らされて、実にしっかり商売している。

そればかりか、島にはソーラーパネル！トトラでできた小さな小屋一軒一軒にソーラーパネル！「フジモリ」（今は人権侵害で訴追されている前大統領ね、日系人の）のおかげだという。つまり、彼らは電化製品も使える生活をしているのである。

さて、翌日は海のようなチチカカ湖を左に見ながら、ボリビア国境へと車で移動し、水中翼船でチチカカ湖を観光しながら横切って次の目的地へ移動したのだが、その途上、連れて行かれたのがボリビア側の「ウロス島」……聞くと、できたのは二年前。住んでるのは六家族のみ。島はこの一つだけ、あの、上陸したときのふわっとする浮島の感覚がないし……あやしい。旅行会社が無理やり作った観光ポイントくさい。ないんか、痛々しさと白々しさを感じたのであった。

さて、日本、九月。テレビでは女優鶴田真由（だっけ？）が旅人役で、あのボリビア側ウロス島をレポートしているではないか！

なるほどね。陽気に観光業にいそしんでいる（しかもソーラーパネル付き！）本家ウロス島では、「電気も水道もなく古来の生活を守っている、神秘の湖の浮島に暮らす素朴で心暖かい人々との出会い」って番組にならないものね。

これでもこく
ごかつうしん

# もしもしあたしRICAちゃん

06年11月16日　20巻6号

## 南アメRICA あんなことこんなこと 2006

### その三　チチカカ湖拾遺

チチカカ湖は、明るく発展していた。件の浮島ウロスへ行くには、プーノという町の桟橋からモーターボートに乗る。その船着き場付近には様々なお店。そんなにぎわいは一七年前はなかった。それだけじゃない。足こぎアヒルボートまでゆらゆら並んでいる。

ああ、初代インカが降り立ったという神秘の湖TーIーCACAよ、こんなに俗にまみれて……と私は嘆いたりしない。古いものだけが文化じゃない。現在進行形の様々な側面丸ごとのアンデスを感じたい――。

ゆらり揺れながら繋留中の白鳥やアヒルたち。その目はどれも、クレオパトラばりに黒くくっきりふちどられ、瞳は、なぜか、赤。こわいじゃないか。私が知らないだけで、日本のアヒルボートもこんな眼？　芦ノ湖だの河口湖だのに、こんなのが浮かんでるの？――異文化遭遇は、自文化発見の入り口でもある。

### 異文化交流～童謡編～

ウロスでは学校も訪ねた。ガイド氏に導かれたのは五歳から九歳の子たち十数人が学ぶ低学年校舎。建物は簡易なものだが、トトラ（葦）ではなく、木とかトタンでできているし、ガラス窓もある。ただし、これも浮島の上である。

マエストラ（女の先生）の手慣れた指示の下。子どもたちはイタリア語、アイマラ語、そして日本語の歌を歌ってくれた。初めは「咲いた咲いた」そして、出ました因縁の「おてて」！（詳しくは『もしもしあたしRICAちゃん』六七頁）「おーてーてー　つーないでー」と始まり、いつの間にか「しょうじょう寺の狸ばやし」に移行して「ポンポコポンのポン」で終わる彼らの歌は、一七年の歳月を経て、歌詞もメロディーもますますあやしく変形していたが、しかし、まぎれもなく一七年前にも観光客に聞かせていた、あの歌である。

ああ、訂正したい。教えたい。しかし、お勉強中におじゃましている身だし、先生はなんとなくとっつきにくいし、でプログラムに従っておいとましたのだった。

が、思わぬ好機到来！　プーノの町へ帰る船内で、その船のキャプテンだというイバン君とそのいとこの女の子にじっくり歌唱指導ができたのだ。

どんな話の流れだったか、とにかくこの歌を教えることになり、私はそもそも別々の二曲であるということを説明し、それぞれの歌詞をローマ字書きし、なんとかかんとかスペイン語に訳して説明。しかし、たとえば狸である。狸って、確か、日本の固有種でしょ。少なくともアンデスの狸なんて聞いたことがない。しかも、腹鼓だ。とっさに、向かいに座っていた同行おじさんを示し、ああいう動物、顔は犬みたいで…って、イバン君の頭の中にどんなイメージが浮かんだか…。腹鼓の仕草を、「ゴリラ？」とか言ってたしなぁ。もちろん、胸じゃなくて、腹をたたくんだと説明はしたが、実際の狸はそんなことはしないわけで…すまん、イバン君。

ところで率直に言って、イバン君、音感が良くなかった。彼が子どもたちに歌唱指導となると……う〜ん。かなり違う曲になりそうだな。また一つ罪作り…。

## 異文化遭遇

下は、ボリビアの首都ラパス郊外の動物園で撮ったもの。

カラス大の鳥なら出入り自由という、大きな格子のおおらかなコンドル舎自体もみものだが——今回の旅で一番ビックリしたのはこれかも。

このエサ、なんだかわかる?

答えは、

ロバの頭部（縦割り）。合掌。

これでもこく
ごかつうしん

# もしもしあたしRICAちゃん

06年12月16日　20巻7号

## あんたら賢くおなり！

期末テストを返しながらこう書くと、もっと点数上げろ言っているように聞こえるかも知れないが、そうじゃない。もっと、広い意味で賢くなって欲しいのだ。私たちは、賢くならなきゃいけんのだ。

←こういう事実を知ると、そう思うのだ。

「ゆとり教育」（二〇〇二年〜）とは何か

三浦朱門（元教育課程審議会会長・元文化庁長官）

「ゆとり教育」による授業内容三割削減で学力が低下するのではないかとの質問に対して

「そんなことは最初から分かっている。むしろ学力を低下させるためにやってるんだ。今まで落ちこぼれのために限りある予算とか教員を手間隙かけすぎて、エリートが育たなかった、これからは落ちこぼれは落ちこぼれのままで結構で、そのための金をエリートに割り振る、エリートは百人にひとりでいいそのエリートがやがて国を引っ張っていってくれるだろう。非才、無才はただ実直な精神だけを養ってくれればいいのだ。ゆとり教育というのは、ただできない奴を放ったらかしにして、できる奴だけを育てるエリート教育なんだけど、そういうふうにいうと今の世の中抵抗が多いから、ただ回りくどくいっただけだ」斉藤貴男『機会不平等』

（三宅晶子「教育基本法の改悪をとめよう！格差と心の支配に抗して」……二〇〇六・一一・四日本児童文学者協会子どもと平和の委員会主催集会資料より）

今の教育に関する諸悪の根元は「教育基本法」にあり、とばかりに、政府は正に、いま、「改正」を強行しつつある。日本の子どもの学力が落ちたのも「教育基本法」の悪しき平等主義のせい…って、「ゆとり教育」の「成果」なんじゃないの？（追記・「ゆとり教育」世代の方が成績が上がっているという調査結果も確かあったはず。いずれにせよ、子どもたちは実験動物ではない）

おととい（一四日）、一月半ぶりに掃除機をかけながら国会中継を見ていたら、兵庫選出の鴻池議員は「（公共の場所で）クリームパンを食べるおばさん」を例にして、公共心の欠如、戦後教育で日本人がダメになったということを主張していて呆れた。一〇〇歩譲って、戦後、日本人がダメになってきたとしよう（安倍総理だって、戦後世代だな）ダメになった戦後教育世代の「清き一票」で議員に選出されてるあんたは何？

私は、戦後六〇年、国の名で人を一人も殺してこなかった今の日本人は偉いと思うよ。内外問わず、最大の迷惑は戦争だと思うからね。それを六〇年やってないって、誇れると思う。

なんで変えなきゃならないかなぁ、「教育基本法」。

もうすぐ有権者のみなさん、現在教育を受けているみなさん、是非、読んでみてください。いろいろ読む、聞く、理解する、考える、自分はどう思うのか考えるのか考える、それを言葉にする…そういう力を付けて欲しい。そして、決して、時の権力者の捨て駒になんかならない。そういう賢さを身につけて欲しい。身に着けていかなきゃならない。そう考える西山です。

## わたしのおすすめ

**『図書館戦争』** その続編『図書館内乱』「有害図書」を狩る「メディア良化法」制定後、読書の自由を守るべく組織された〝図書隊〟――図書館に軍事部門、という究極のミスマッチの設定でただ奇をてらうのでなく、かなりいろんな社会状況を衝いている。身体能力の高さが買われて特殊部隊に配属された女の子が主人公でライトノベルのテイストが基本だから、厚さの割りにすいすい読めます。おもしろいよ。

これでもこく
ごかつうしん

# もしもしあたしRICAちゃん

07年2月23日　20巻8号

久しぶりに登校した三年生に催促されて、久しぶりに書くのである。第一のネタは、皆さんに書いてもらった「現代にくきもの尽くし」より

**自民党の厚労相「女性は子供を産む機械」発言。人間がなっていない。**

私はと言うと、この発言への第一印象は、「またか」。本気で怒っていなかった。その直後、たまたま読んだのが、遠藤寛子作『算法少女』。（最近「ちくま学芸文庫」で復刊！）いやぁ、おもしろかった。「算法」とは今で言う、算数・数学のこと。江戸時代にもあったんだねぇ数学。

「0、1、2、……」というアラビア数字もXだの√だののって記号もないけど、ちゃんと幾何だの代数だのの問題があって、それが解けたら大きな絵馬にして、浅草の観音様に奉納したりしていたのだそうだ。物語は、主人公の少女がその奉納絵馬の答えに間違いを見つけてしまったところから始まる。『算法少女』という実在の書物をめぐって、作者が資料と想像力を働かせ、実に生き生きと江戸の暮らしをミステリー風に物語る。

で、なぜ、「女は産む機械」発言からこんな話になっているかというと……江戸時代の女の子、嫁入りに役立つお稽古ごとは奨励されても、女に学問なんて、しかも算法なんて必要ない、というのが一般的な考え方（でも、現に算法を修めた女の子もいたわけだし、勧めた人たちもいるのだから、むしろ江戸時代のおおらかさも感じるわけだが……）。**女の子が自分の好きなことに熱中したり、自分の人生を自分で決めるということがなかなか許されない、そもそもそういう考えが「ふつう」でない時代がずっとずっとあったのだよと、リアルに身にしみたのだ。**

そんな中で、自分の生き方を選んだ女の子たち（女性たち）がたくさんいたのだ。そして、その人たちが

少しずつ道を切り開き、「ふつうでない」ことを「ふつう」にしてきたのだ。そして至った今を私は歩き息しているのだ。そう胸に落ちると、件の発言はいといたうにくしてである。悲しくなる。「女は子どもを産んでなんぼのもん」という考え方は、これから自分の人生を自分で切り開いていくたくさんの女の子たちへの侮辱だ。遅蒔きながら、今私は怒っている。

# 南アメRICA あんなことこんなこと 2006

## 其の四　エコノミーよりエコロジーの巻

今年の東京地方、このまま雪を見ることなく春を迎えてしまうのだろうか。いやでも身近な地球温暖化現象である。

さて、ペルー・ボリビアで再三目にした「エコロジー」である。チチカカ湖畔の町プーノの人力タクシーは、以前は確か「Taxi economico 経済的タクシー」と呼ばれていたが、今回は「Taxi ecologico エコロジータクシー」だった。ラパスのホテルでは、わざわざ「ユンガス（ボリビア熱帯地方）のエコロジーコーヒー」と銘打ったインスタントコーヒーが置いてあった。

そして、とある午後知人宅で見せられたビデオは、どうも（会話の大半は勘ですので……）環境保護NGOか何かで作った、プロパガンダビデオだった。

見ればわかるからともかく見てみろと半ば強引に見せられたビデオ――、分かった。映像と、音楽と、編集で理解できてしまった。ボリビアでも年間多くの大規模なカーニバルが行われる。そして、その都度フラミンゴの羽を初め、ヒョウの毛皮だとか、大蛇ボアだとか、大量に野生動物が殺害されているというのだ。そもそも捕獲が禁止されているものへの規制も、処罰も満足になされておらず、年々派手になる衣装。行政機関やマスコミに働きかけるためのビデオのようなのだった。

そのビデオを持ってきて話し込んでいた青年、名をパブロ・レイトンという。パブロ、しゃべるしゃべる、しゃべりっぱなし。件の話題がようやく一段落すると、今度は彼の愛犬ばなし。鞄からA4サイズのクリアファイルを取り出し、愛犬グラウコのことをしゃべるしゃべる。グラウコはモデル犬で、女優だの高級車だのの傍らですましているグラビア写真がいっぱいであった。

愛犬家（親ばか）は国境を越える、である。

これでもこく
ごかつうしん

# もしもしあたしRICAちゃん

07年3月12日　20巻9号

## 数学Ⅰの監督をしながら考えたこと

一言で言うと、あんたらがみんなすごく賢そうに見えたぞ。私ときたら…。

現役時代、数学ができなかったわけじゃない。むしろできた方だ。わざわざ二次試験に数ⅡBを課す文学部を受けようとしていたくらいだ（共通一次の得点的にそこは、受けずじまいになっちゃったんだけどね）

で、何が言いたいかというと

**そんなにきれいさっぱり忘れてしまっても、困るわけでもないようなことを、なぜ苦労して学ばねばならないのか？　と、諸君は考えるだろうか**

ということ。

私はそうは考えない。つまり、高校時代に学んだことで今使っていないものが無駄だったとか、やって損したとか思わない。

なぜか。

**理由一**　面白かったから。数学的帰納法を使って解く証明問題が（それがどんなものか、今となっては？？？だが）何日も考えた末に解けたときの達成感というか、ともかくすごく気持ち良かったことだけは忘れていない。

**理由二**　それにね、そのものズバリは使っていなくても、ある考え方、解いていきかたを理解し、それを使いこなすためにうんうん頭使って取り組んだその時脳の中に出来たもの（シナプスだかニューロンだか回路だか脳のしわだかわからんが）は、その後の人生でも使っていると思うのだ。

以前、宮沢賢治の童話を岩手弁で語る活動をしている女性が、テレビで言っていた。

〈幼い頃に聞いたいろんなお話は、たいてい皆忘れてしまうものだろう。しかし、お話を聞いたときに心の中にできた部屋のようなものは、お話自体を忘れてしまっ

たあとも心の中に残っていて、生きていく上で出会うさまざまな感情を受け止める空間になるのではないかと思う〉

そのような内容であったと理解している。そして、深く納得している。

人生の早いうちは特に、真剣に考えたり、本気で怒ったり、腹の底から楽しんだり、深く悲しんだり、というそういう体験全てが、考えたり感じたりする力、生きていくために必要な力を育ててくれるんだと思います。

## 日本史の監督をしながら思い出した本

*宮部みゆき『蒲生邸事件』……二・二六事件の現場に現代の少年がタイムスリップしてしまう小説。あの日、東京は大雪だったのだねぇ。雪を見なかったこの冬、感慨ひとしお。

*三木卓『ほろびた国の旅』……「ほろびた国」とは満州国のこと。満州で子ども時代を過ごした主人公が、戦後の日本から当時の満州にタイムスリップして、植民地支配の虚妄——子ども時代には気づきもしなかったたくさんのひずみ——に気づく。

*しかたしん『国境』三部作……これも満州を舞台にした児童文学。日本人の青年が主人公だが、日本人、朝鮮人、中国人入り乱れ大陸舞台のスリルとサスペンスてんこ盛り現代史エンターテインメント。

*こうの史代『夕凪の街　桜の国』……これはH一六年度文化庁メディア芸術祭漫画部門大賞受賞ということもあり、あちこちで話題になっていたから知っている人もいるかも知れませんね。一九四五年八月六日、広島に原爆投下——などと年表の一行で済ませられる事柄でなく、そこで生き死んでいくこと、広島を抱えて生きていくことがどういうことなのか、静かに深く心に訴えてくる作品です。

**南アメRICAあんなことこんなこと　ぷち**

眉を整えている男子はペルーに行くときは、ご用心。同性愛者と思われるそうです。

では、縁があったら、またいっしょに「国語」しよう！

これでもこくごかつうしん

# もしもしあたしRICAちゃん

07年11月5日　21巻1号

## お久しぶりと初めまして。

### 見たことあるはずなのに？の人へは、「怒」。

いやぁ、今年度一号目って、すでに一一月ですから、書きながらきっついですわ。このお勝手通信も今年で二一年目。二〇歳過ぎたところで、このままフェイドアウトかなぁといじけ半分の弱気になっていたところへ、「RICAさん出たらくださいね」の一言があったものだから、力を得て久々に発行する次第。

**教訓：言葉は人を動かす**

（あるいは、西山は励まされないと動けない）

今更だけど、今年度もよろしく。

## 亀田家非難に思ったコト

私はボクシングに興味はないし、亀田親子に何の思い入れもない。でも、つけっぱなしのテレビを通して、例の反則連発試合やら謝罪会見やらが飛び込んでくる。

で、思い起こしたのは、三年現代文中間テストの範囲だった「虚ろなまなざし」。

「人道的」「非難の大合唱」にさらされ自死してしまった写真家と、亀田父子のやったことは全く異質だけれど、非難するマスコミや「世間」のあり様はとても似通っているのではないか。ある番組で道行く人に、亀田親子「許せる・許せない」のシール投票をやっていたが、私は許すとか許さんとか言う立場にないな。

なんだかね、コトが起こると一斉に「正義」の側に立って、暴力的に責めにかかる傾向が有りはしないか？

今日、あるフォトジャーナリストの話を聞いたのだが、その中で、最近、真実を知りもしないのに、テレビなどから入った情報だけで自分を「被害者」の立場にのみ置いて、加害者を「殺せ殺せ」と報復を求める恐ろしい風潮があるという指摘があった。

「罪を憎んで、人を憎まず」という言葉が忘れられているように、私も思う。こんな空気の中で裁判員制度が始まるのも、空恐ろしいことである。

ここで一冊ご紹介。

**森達也『世界を信じるためのメソッド』(理論社)**

「ぼくらの時代のメディア・リテラシー」と副題が付いたこの本、テレビの情報に振り回されない賢いおとなになるためのメソッド(方法)がわかりやすく書かれています。

**劣等感を持たない**
**優越感を持たない**
では、何を持っているのですか?
**自分を持っている**

今、私たちが学んでいるこの場所に、約七〇年前「児童の村小学校」という私立学校がありました。それは、教育史においても、児童文化史においてもとても重要な、大正デモクラシーの精神が結実した、自由主義教育の要とも言えるような学校でした。そこの中心的教師の一人だった野村芳兵衛先生が、「児童の村小学校の卒業生はどういう人間ですか」と問われたのに答えたのが、上の言葉だそうです。

先月、児童文学の学会で仙台に日帰りしたのですが、ちらっと参加したシンポジウムで、右のように問うたご本人——中野光先生(教育学者)から語られました。

劣等感と優越感は背中合わせですよね。

『山月記』を思い出してください。

尊大でもなく、卑屈でもなくありたいと常々思っておりました。しかし、AでもなくBでもなく、じゃあ何なのか、とは考えたことがなかった。劣等感を持たず、優越感を持たす、あるのは自分。なんて素敵な人間像でしょう。

この言葉を皆さんにも伝えたくて——それも、第一号の理由です。

これでもこく
ごかつうしん

# もしもしあたしRICAちゃん

07年11月19日　21巻2号

## 豚もおだてりゃ木に登る

### RICAさんもほめりゃすぐに出る

あっという間の本年度二号です。

## 漱石展に行ってきた

面談で四限目以降がカットになった八日、江戸東京博物館の漱石展に行ってきた。ものすごい人だった。ガラスケースに近づくのも一苦労。みんな、そんなに好きなんか、漱石先生――って、こういうものにめったに行かない私が足を運んだくらいだ。人も集まるわな。

漱石学生時代のテキストやノートも多数展示してあったのだが、嘆息ものだったよ。明治の知識人の、文豪夏目漱石の知力の途方もなさを垣間見て、私なんかが、生かじりでうすっぺらの授業してちゃだめだろ、と思ってしまった（二年生へ注：今、三年現代文では漱石の講演録を読んでるの）。かといって、投げ出すわけにもいかないけどさ。

## そうだったんだ。あの写真

椅子の背もたれに肩肘付いて、軽く結んだ右手でこめかみを支え、心の中の深いところを見つめているような憂い顔の漱石の写真――二階PC教室前の掲示板に張ってある漱石展のポスターの写真、「ああ、あれね」と思いうかべてもらえるだろうか？　今回初めて知った。あの写真の漱石の左腕に巻かれている黒い布――喪章。明治天皇が亡くなったとき撮られた写真なのだそうだ。明治と共に年を重ねた漱石の胸中は・・・・。

そして、実に興味深かったのが次の日記の一節

漱石の日記には、天皇重篤の報から崩御までが断片

的に記されている。七月二〇日には、「川開きの催し差留られたり。天子未だ崩せず川開を禁ずるの必要なし。細民是が為に困るもの多からん。当局者の没常識驚ろくべし。演劇其他の興行もの停止とか停止せぬとかにて騒ぐ有様也。天子の病は万臣の同情に価す。然れども万民の営業直接天子の病気に害を与へざる限りは進行して然るべし」とあり、両国の隅田川川開きが天皇の病気悪化により禁止されたことに触れ、自粛ムードを冷静に批判している。（『文豪・夏目漱石　そのこころとまなざし』朝日新聞社　〇七年九月三〇日）

意味、分かった？　このくらい分かって欲しいんだけど、念のためお節介しておくと――

〈川開きのイベントが中止になった。天皇はまだ亡くなってないのだから、川開きを禁じる必要はない。このせいで困る貧乏人も多いだろう。担当機関の非常識にはあきれる。演劇その他のイベントも中止だとか中止じゃないとか騒いでいる。天皇の病に国民が心を痛めるのは当然だ。だからといって、国民の営業が直接天皇の病状を悪くするなんてことがない限り、普通にしていればよいのだ〉って、感じ。

いやぁ、思い出しちゃったね一九年前の大騒ぎ。それで思い出した一冊をご紹介。

伊藤たかみ・作

**『ぎぶそん』**（ポプラ社）

これは、中学生男女のバンド青春小説。現代の話だろうと読んでいくと、なんと昭和の終わり――下血だ輸血だと天皇の様態が毎日のトップニュースだったあの一九年前が舞台で、主人公たちのデビューステージとなる「文化祭がやばいねん」となる。

「もし病気がもっと悪くなったり、死んでもうたりしたら、中止になるかもしらんねん」

あなたたち平成生まれは知らないだろうけど、家の人に聞いてごらん。

CMでは井上陽水の「お元気ですかぁ」が口パクとなり（結局流れなくなったのだったか？）、あれこれの行事が「停止とか停止せぬとかにて騒ぐ有様」だったあの日々……。漱石先生なら何とおっしゃったことか。

# おわりに

この度は、どこの棚におけばいいやら分からないような拙著をお読みいただき、本当にありがとうございます。ちらとでもおもしろいと思っていただけたら光栄です。

さて、「はじめに」でも書きましたように、これは、私が国語科の非常勤講師を務めます城西中学・高等学校のその年々の担当クラスに勝手に配ってきた、きまぐれ通信です。そんな私的な文章を一冊の本にしていただけただけでも「有り難い」（古語、現代語双方の意味です）ことでしたのに、この度、その後の一三年分を再び梨の木舎へ持ち込みましたのは、ただの蛮勇が為せる技ではございません。口幅ったいことを申しますが、一冊にまとめる意味もあろうと考えたからです。

その理由は――私のつれづれにも、九五年以降の日本の（時に世界の）動向がしっかりと刻印されているから、です。

サリン、一四歳の殺人、9・11、アフガン、イラク攻撃、教育基本法「改正」……。私が中高生相手に綴ったその出来事から、その時の震撼や怒りをリアルに思い出してくださる方もいらっしゃるかもしれません。

同時に、例えば「女性国際戦犯法廷」や「コンサート自由な風の歌」から得た元気を共有していただけたら、南米関係のエピソードから、今の日本の常識を少しでも相対化していただけたら、嬉しいです。「羅生門」や「北朝鮮拉致問題」から私が世界の平和を考えた道筋が、皆さんにとってもあれやこれやをリアルにつなぐわっかになったらよいなあと夢想します。こうやって書き並べると、実にずうずうしく欲張りです。

こんなに勝手気ままな通信を野放しにしておいてくれる職場に感謝です。快く出版を引き受けてくださった梨の木舎の羽田ゆみ子さん、ありがとうございました。毎年笑わせたり怒らせたりしてくれる生きのいい城西生のみんな、ありがとう。それから、二一世紀を見ずに逝ってしまった弟よ。あんたのこと書いてないけど、忘れてるわけじゃないから、ね。

なお、表紙は前著のデザインそのままに配色を変えて使わせていただきました。天国の貝原浩さん、お許しください。ステキにかわいい装幀、大のお気に入りなのです。

すべての「あなた」に心からありがとう、です。

二〇〇八年一月一一日

西山利佳

西山利佳（にしやま りか）

1961 年宮崎県高千穂町岩戸に生まれる。80 年宮崎県立日南高等学校を卒業後、大田堯学長時代の都留文科大学国文学科に学ぶ。大学三年時、日本児童文学者協会主催夏のゼミナールに参加。以降、児童文学評論研究会に居着く。86 年、東京学芸大学大学院修士課程を修了。

87 年から城西大学付属城西中学・高等学校で、加えて翌 88 年からは日本児童教育専門学校でしゃべり続けている。

現在 日本児童文学者協会、日本児童文学学会会員。フォルクローレアマチュアグループ「ロス・アルームノス」のボーカルにして太鼓たたき。娘の学校の PTA 副会長。〈子どもの本・九条の会〉運営委員。「日本児童文学」編集委員。

主な仕事

共編著：『わたしたちのアジア・太平洋戦争』（全 3 巻、童心社）
「おはなしのピースウォーク」シリーズ（全 6 巻、新日本出版社）
『児童文学批評・事始め』（てらいんく）など

解説：『マリア探偵社死界からのメッセージ』（川北亮司作、理論社）ほか。

評論：「児童文学は『わたし』と世界をつなげるか」（『日本児童文学』99 年 9/10 月号）ほか


りかちゃんの国語科通信
―― 出産、子育て、南米の旅 の巻

2008 年 2 月 14 日　初版発行
著　者　：西山利佳
発行者　：羽田ゆみ子
編集協力：正木デザイン工房
発行所　：（有）梨の木舎
〒 101-0051　千代田区神田神保町 1-42　日東ビル
TEL：03-3291-8229　FAX：03-3291-8090　振替：00160-0-167140
印　刷　：株式会社 厚徳社

## 愛する、愛される　2刷

デートDVをなくす・若者のためのレッスン7

山口のり子著（アウェアDV行動変革プログラム・ファシリテーター）
【まんが・海里真弓　原作・レジリエンス】
A5判/120頁　定価1200円＋税

◆愛されているとおもいこみ、暴力から逃げ出せなかった。愛する、愛されるってほんとうはどういうこと？
◆おとなの間だけでなく、若者のあいだにも広がっているデートDVをさけるために。若者のためのレッスン7

4-8166-0109-X

## 大切な人を亡くしたこどもたちを支える35の方法

ダギーセンター著　翻訳・レジリエンス
A5判/54頁　定価1500円＋税

両親や家族を失った子どもたちを支え、心の痛みを癒し元気を回復できるよう、普段の暮らしの中で誰もができるちいさなこと、35を提案します。

4-8166-0506-1

## 傷ついたあなたへ

わたしがわたしを大切にするということ

レジリエンス著
A5判/104頁　定価1500円＋税

◆DVは、パートナーからの「力」と「支配」です。誰にも話せずひとりで苦しみ、無気力になっている人が、DVやトラウマとむきあい、のりこえていくには困難が伴います。
◆本書は、「わたし」に起きたことに向きあい、「わたし」を大切にして生きていくためのサポートをするものです。

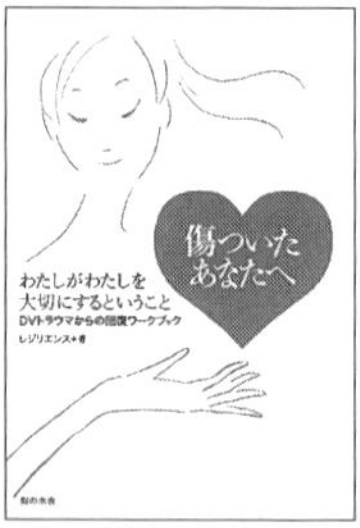


4-8166-0505-3

## DVあなた自身を抱きしめて

――アメリカの被害者・加害者プログラム

山口のり子著
B6判/207頁　定価1700円＋税

DV＝ドメスティック・バイオレンスは被害者のケアはむろんだが、加害者に対する防止プログラムが必要になる。25年以上の実績があり、筆者が学んできたアメリカの例を紹介する。新聞や雑誌、TVで紹介。

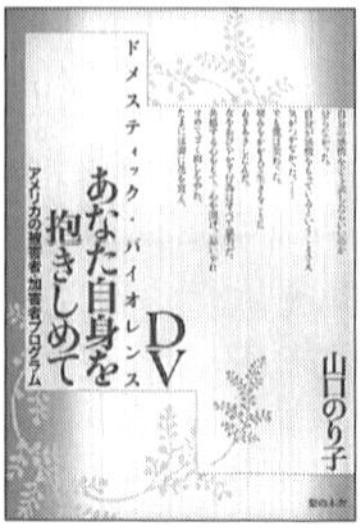


4-8166-0405-7